Werner Troxler
Schrei mich nicht an!

Werner Troxler

Schrei mich nicht an!

Warum wir streiten
Konflikte konstruktiv austragen

Verlag Hirschi+Troxler

1. Auflage 2015
Copyright © Verlag Hirschi+Troxler GmbH, Zumikon, Zürich
www.beziehungskiste.ch
www.paarkiste.de
www.paarkiste.at

Haftungsausschluss
Die Übungen und Informationen in diesem Buch sind lediglich eine Anregung und nicht für eine ärztliche, heilpraktische oder therapeutische
Behandlung geeignet. Die Leserin oder der Leser führen alle Übungen in
eigener Verantwortung durch. Weder der Autor noch der Verlag können
für eventuelle Folgen, die sich aus den im Buch gemachten praktischen
Hinweisen ergeben, eine Haftung übernehmen.

ISBN 978-3-9523427-5-6

Inhalt

Einleitung – Konflikte verstehen und konstruktiv streiten lernen

Halten Sie sich für konfliktfähig? Können Sie konstruktiv streiten? Ich weiß nicht, welche Antwort Sie auf diese Fragen geben. Vielleicht gehören Sie zu den wenigen, die locker zweimal mit Ja antworten und souverän mit Zoff und Zank umgehen können. Die Mehrzahl wird wahrscheinlich entgegnen: »Teils, teils! Es kommt darauf an, mit wem und worum es sich handelt. Manchmal geht es gut. Manchmal ist es verdammt schwierig und unangenehm!« Die dritte Gruppe sagt knapp und ehrlich: »Nein! Das kann ich sehr schlecht!« Jede Auseinandersetzung belastet, und darum tun sich diese Menschen schwer damit, einen Konflikt überhaupt anzunehmen, geschweige denn, ihn mutig zu bestehen.

In der Schule wird uns beigebracht, unseren Kopf zu gebrauchen. Das ist gut und nützlich. Aber unser Herz wird vernachlässigt. Soziale Kompetenz lehrt uns keine Schule, sondern das Leben. Meist zufällig und oft schmerzlich. Wir lernen nicht, warum ein Konflikt überhaupt zum Konflikt wird. Niemand zeigt uns, wie Streiten positiv, fair und sinnvoll sein kann. Versöhnung wird uns nicht als Chance und wertvolles Erlebnis vermittelt, sondern zwangsweise verordnet. Sei ein braver Junge, sei ein braves Mädchen! Hör auf zu streiten! Macht Frieden und gebt Ruhe!

Wir wurden ebenfalls belehrt, wie sich der Klügere verhält. Und zur Not, wenn auch das nichts nützte, bemühten die Eltern oder Lehrer den wahren Christenmenschen, der bekanntlich auch noch die linke Wange hinhält. Die Botschaft, die uns verkündet wurde, bestach durch ihre Schlichtheit: Harmonie ist gut. Streit ist schlecht. Zu differenzierten Hilfestellungen reichte es nicht.

Irgendwann begannen wir zu ahnen, dass auch die Erwachsenen nicht wissen, wie mit Konflikten umzugehen ist. Wir stellten verwirrt fest, wie die einen im Streit Anstand und Maß verlieren und die anderen jede Ungerechtigkeit ertragen, schwach sind und unfähig, sich zu wehren. An brauchbaren Vorbildern fehlte es gänzlich.

Darum begriffen wir allmählich: Die Welt sehnt sich nach Harmonie, weil sie nicht streiten kann. Sie weiß nicht, wie mit den gegensätzlichen Bedürfnissen, Wünschen, Ängsten und Hoffnungen von Menschen und Kulturen umzugehen ist. Um dieses Dilemma zu lösen und damit die Welt nicht auseinanderfällt, schuf man Gesetze. Aber Gesetze grenzen ab, ein und aus. Sie verhindern den Konflikt nicht, sondern sie legalisieren ihn nur. Es existieren zudem Regeln für alle Lebenslagen, in der irrigen Meinung, mit ihnen könne man Streit verhüten oder ihn zumindest in geordneten Bahnen ablaufen lassen. Aber mit den Verboten ist die Zahl der Konflikte nicht kleiner geworden – im Gegenteil. Der Streit, vom Nachbarschaftskonflikt bis zur milliardenschweren Sammelklage, gehört zum Alltag. Trotzdem sind wir nicht konfliktfähiger geworden. Wir wissen heute vielleicht besser als früher, *wofür* wir streiten, aber wir wissen immer noch nicht, *warum* wir streiten und *wie* wir sinnvoll einen Konflikt austragen können. Was uns fehlt, sind nicht neue Verordnungen und Weisungen – uns fehlt die Einsicht in das Wesen des Konflikts. Zudem haben wir bis heute noch keine Sprache gefunden, um im Streit konstruktiv miteinander zu reden.

Dieses Buch ist ein Beitrag zu einer Streitkultur, die einerseits Fairness und Anständigkeit fördert, die aber auch für die eigene Sache zu kämpfen lehrt: mit offenem Visier, ehrlich und engagiert. Die praktischen Beispiele und Anleitungen sollen zeigen, wie Konflikte – besonders in der Beziehung – dynamisch gelöst werden können.

Lernen Sie, produktiv zu streiten!

In meinem Geschichtsstudium habe ich mit Ernüchterung feststellen müssen, dass es keine Zeitepoche gibt, in der die Menschen in Harmonie und Liebe miteinander gelebt haben. So weit man zurückblättert: Kriege, Intrigen, Eroberungen, Vertreibungen und andere Schändlichkeiten bestimmen das Schicksal von Völkern und Individuen bis zurück zum Anfang unserer Menschheitsgeschichte. Selbst bei Adam und Eva stand der Konflikt mit Gott im Zentrum: Unsere Stammeltern aßen von den verbotenen Früchten, mit den für uns bekannten Folgen.

Was ist die Schlussfolgerung daraus? Konflikte und Streitereien auszutragen, scheint Teil unserer Natur zu sein. Biologen stellen fest, dass Pflanzen einen ständigen Verdrängungskampf gegen andere Pflanzen führen, die ihnen den Lebensraum streitig machen, dass Tiere ihre ganze Energie aufwenden, um ihre Gene weiterzugeben. Die Philosophen sagen uns, dass wir Menschen ebenfalls auf dieser Welt sind, um unseren Lebensraum zu nutzen, um uns fortzupflanzen und um seelische und geistige Werte zu schaffen. Da alle Wesen diesen Zielen nachstreben, sind Interessenkonflikte die zwingende Folge.

Wenn wir uns nicht überfahren und unterdrücken lassen und ein sinnvolles Leben gestalten wollen, dürfen wir uns nicht aufgeben und müssen uns gegen Egoismus, Einschränkungen und Willkür zur Wehr setzen.

Es nützt nichts, an dieser »bösen« Welt zu leiden. Es hilft auch wenig, erfüllt zu sein von der Sehnsucht nach Liebe und Harmonie und damit um jeden Preis einen Konflikt und einen Streit vermeiden zu wollen. Es ist besser, die Realitäten zu akzeptieren und als Antwort darauf einen eigenen, überzeugenden Weg im Umgang mit Konfliktsituationen zu finden.

Vor einiger Zeit publizierte die »Neue Zürcher Zeitung« Ergebnisse einer Untersuchung von Robert Axelrod und William D. Hamilton, zwei Professoren der University of Michigan. Sie konnten in ihrer Arbeit nachweisen, dass Konflikte nur sinnvoll und nachhaltig gelöst werden, wenn beide Parteien fähig sind, sich zu wehren und *es auch tun!* Damit ist nicht das simple und brutale »Auge um Auge, Zahn um Zahn« gemeint, sondern die Klugheit, auf faire, ehrliche, aber konsequente Art für seine eigenen Anliegen einzustehen und dafür in angemessener Form zu kämpfen.

»Konflikte können nicht durch Verdrängung, sondern nur durch aktives Handeln gelöst werden«

Wenn wir lernen, Konflikte konstruktiv auszutragen und auch beim Streiten die Kontrolle über uns selbst nicht zu verlieren, dann lösen wir uns aus der Opferrolle. Wir übernehmen selbst die Verantwortung für die Gestaltung unseres Lebens. Die Frage lautet darum nicht mehr: Soll ich streiten oder nicht? Sondern: *Wie will* ich den Konflikt austragen? *Wie will* ich streiten? *Wie will* ich mich verhalten, damit ich stolz auf mich selbst sein kann? Mit dieser Haltung können wir für unsere Umwelt ein Vorbild sein, indem wir mithelfen, den Weg zu konstruktiven und positiven Lösungen freizumachen. Wir setzen damit nicht nur ein nachahmenswertes Zeichen für unsere nächste Umgebung, es trägt sogar ein kleines bisschen zum Frieden auf unserer Welt bei.

Warum wir streiten

Mein Freund Paul war ein Mensch, der Gezänke und Streitereien erstens für unnötig und zweitens für kindisch hielt. Er vertrat die Theorie des vernünftigen und sachlichen Umgangs mit Streitpunkten, weil er sich im Grunde vor jedem Konflikt fürchtete. Darum reagierte er betont ruhig auf Vorwürfe oder emotionale Ausbrüche seiner leicht reizbaren Frau Maria. »Ich verstehe, Liebling!« oder: »Es ist doch nicht so schlimm« gehörten zu seinen Standardsätzen. Dieses Verhalten beruhigte Maria aber überhaupt nicht. Im Gegenteil. Es brachte sie gewaltig auf die Palme, und sie legte tüchtig nach. Und um dem Geschimpfe ein Ende zu machen, schwieg Paul dann einfach. Nach eisigen zehn Minuten versuchte er – wiederum betont ruhig – das Thema zu wechseln. Klappte es nicht im ersten Anlauf, so schwieg er wieder eine Weile, um dann erneut mit tiefer Stimme etwas Banales und Allgemeines zu sagen; so nebenbei, als weiterer Versuch zur Normalisierung ihrer Stimmungslage. Maria ließ sich so meistens vom Streitthema ablenken. Dieses Vorgehen funktionierte in der Partnerschaft von Paul und Maria recht gut. Sie schrie – er schwieg.

Erstaunlich ist nur, dass Paul eines Tages bei einer vergleichbaren Situation auf die kritischen Bemerkungen seiner Ehefrau hin nicht mehr einfach schwieg und taktierte, sondern regelrecht ausrastete. Da sie sich gerade vor einem Supermarkt befanden, langte er in den Einkaufswagen, griff eine Packung Orangensaft und knallte sie mit ganzer Kraft gegen eine Mauer. Der Saft spritzte in alle Richtungen. »Halt dein Maul! Verdammt noch mal!«, brüllte er in voller Lautstärke. Diesmal schwieg Maria tatsächlich, verblüfft *und völlig erstaunt. Sie hatte doch nichts gesagt. Oder wenigstens fast nichts. Passanten schüttelten den Kopf. Jemand zeigte den Vogel.*

Als Paul mir einige Wochen später diese Geschichte erzählte, war er immer noch aufgewühlt. Er schämte sich, dass er sich so hatte gehen lassen. Der innere Druck, immer still zu sein, Vorwürfe mit starrem Lächeln aufzufangen, alles zu schlucken, war einfach zu groß geworden. Denn getrieben von seinem Harmoniewunsch, sah er in einer Partnerschaft keinen Grund zu streiten. Diskutieren ja, aber sich in die Wolle kriegen? Nein, das war mit seinem Bild des friedfertigen und toleranten Partners bisher nicht vereinbar gewesen.

Was ihn am meisten irritierte, war der Umstand, dass er immer dünnhäutiger wurde und darum in stets kürzeren Abständen explodierte. Zudem musste er bedeutend mehr Energie aufwenden, um sich unter Kontrolle zu halten und nicht selbst sofort gereizt zu reagieren. Langsam begriff er: Wenn er sich nicht vor sich selbst schämen wollte, dann musste er lernen, sich den Auseinandersetzungen zu stellen. Dann musste er *aktiv* werden. Dann musste er *streiten* lernen.

»Warum streiten wir uns?«, fragte er deprimiert. »Warum können zwei erwachsene Menschen nicht friedlich miteinander umgehen? Warum können wir nicht normal miteinander reden?«

Die Fähigkeit zu streiten ist für unser Leben von grundlegender Bedeutung. Wie wir streiten, wofür wir streiten und ob wir überhaupt streiten, ist ein Prüfstein für unser Wertesystem, ist der »Lackmustest« für die eigene Glaubwürdigkeit und die Nagelprobe für die Qualität unserer Persönlichkeit. Wie kommt es, dass der eine sich kaum wehrt, während ein anderer Mensch unkontrolliert und wild um sich schlägt? Welche Strukturen und Grundmechanismen sind es, die uns so streitbar machen? Welche Prozesse steuern unser Konfliktverhalten und unsere Suche nach Lösungen? Warum handeln wir in Konfliktsituationen so widersprüchlich? Was treibt uns die Zornesröte ins Gesicht? Warum sagen und tun wir im Streit Dinge, die wir später bereuen? Warum sind wir in hitzigen Auseinandersetzungen meist weder logisch in unseren Argumenten noch gelassen in unseren Reaktionen, noch vernünftig in unseren Erwartungen und Forderungen?

Welche Einsichten in unser Konfliktverhalten helfen uns, in Auseinandersetzungen zukünftig intelligenter, konstruktiver und ehrlicher zu streiten? Wie lernen wir, unser Wissen im Alltag praktisch und konkret anzuwenden? Damit wir alle anderen Fragen beantworten können, sollten wir zuerst die wichtigste Frage verstehen lernen: Warum streiten wir überhaupt?

Alles ist Bewertung ...

Ein konfliktfreies Miteinander wäre viel leichter, wenn es uns die Natur mit ihren Überlebenskonzepten nicht so schwer machen würde. Um zu überleben, sind wir als biologische Wesen auf die Wahrnehmung über unsere fünf Sinne angewiesen. Augen, Ohren, Nase, Zunge und Haut nehmen jede Sekunde Hunderte von Eindrücken auf. Sie werden laufend auf ihre Bedeutung und Wichtigkeit für uns hin überprüft und bewertet.

Von Geburt an speichern wir Tausende von guten und schlechten Erlebnissen und Eindrücken und verdichten sie im Laufe des Lebens zu Erfahrungen. Alle während eines Tages (und der Nacht!) auf uns einstürmenden Reize werden aufgrund unserer bisher gemachten Erfahrungen bewertet. Jeder Impuls, der uns über unsere Sinne erreicht, wird unmittelbar kategorisiert in entweder »relevant« oder »nicht relevant«. Und das ist sehr sinnvoll so. Es hat uns in den letzten vier Millionen Jahren, seit wir uns aufrichteten und die afrikanische Savanne auf zwei Beinen gehend verließen, das Überleben gesichert. Auch heute noch ist dieser Grundmechanismus des Lebens voll aktiv und notwendig.

> *» Unsere Erfahrung ist die Summe aller*
> *im Laufe des Lebens gesammelten*
> *Eindrücke und Erkenntnisse «*

Stellen Sie sich vor, Sie überqueren eine Straße und hören plötzlich in ihrem Rücken das laute Kreischen von Bremsen. Bevor Sie auch nur ansatzweise denken können, hat der ganze Körper schon auf Alarm geschaltet, Adrenalin ausgeschüttet und Ihnen so ermöglicht, mit einem Sprung den rettenden Gehsteig zu erreichen.

Erst Sekunden später realisieren Sie, was eigentlich geschehen ist. Ohne die »vollautomatische« Beurteilung des Signals, in diesem Falle des Bremsgeräuschs, hätten Sie niemals rechtzeitig ausweichen können.

Da kleine Kinder oft noch keine Erfahrungen im Straßenverkehr haben, ist ihr Beurteilungsvermögen in diesem Bereich noch nicht ausgebildet. Sie rennen unbekümmert auf die Straße.

»Zwei Menschen = zwei Bewertungswelten!«

Im Laufe unseres Erwachsenwerdens bilden wir ein eigenes, komplexes System von Bewertungen aus. Es sichert nicht nur unsere physische Existenz, sondern steuert auch unser soziales Verhalten. Die Mehrheit der Bewertungen läuft unbewusst ab. Zum Beispiel empfinden wir jemanden auf Anhieb als sehr sympathisch – ohne dass wir darüber nachdenken müssen. Oder man erzählt einen Witz, und wir finden ihn ziemlich blöd, während die anderen sich kugeln vor Lachen. Warum er uns nicht gefällt, vermögen wir kaum zu sagen.

Wenn zwei Menschen sich begegnen, treffen immer auch zwei Bewertungswelten aufeinander. Selten sind diese beiden Welten deckungsgleich. Gerade in Beziehungen erkennt man früher oder später, dass der Partner oder die Partnerin in vielen Bereichen ganz andere Vorstellungen hat, die mit den eigenen Bewertungen leider nicht übereinstimmen.

So setzt die harmlose Frage »Wie gefällt dir mein neues Kleid, Schatz?« viele Ehemänner bereits unter Stress. Erstens müssten sie das Kleid überhaupt einmal wahrnehmen. Zweitens sollten sie in ihrem eigenen Bewertungssystem einen klaren Erfahrungswert finden, der ihnen als Vergleichsgröße sagt, ob sie dieses Kleid schön finden und, vor allem, warum es ihnen gefällt. Aber wo soll der Durchschnittsmann brauchbare Erfahrungen mit der Damenoberbekleidung gesammelt haben?

Während der überforderte Mann seinen in diesem Punkt so kargen Erfahrungsspeicher absucht, doppelt sie nach: »Ich habe es sehr günstig kaufen können.« Damit will sie ihm – für sein Bewertungssystem – eine positive Entscheidungshilfe geben. Denn bei den meisten Männern ist das Hauptkriterium für »neues Kleid« nicht Schönheit, nicht der Schnitt oder der Stoff – weil sie ja diese Informationen gar nicht gespeichert haben und darum auch nicht bewerten können –, sondern der günstige Preis. Wenn es wenig gekostet hat, dann gefällt das Kleid meistens. Preise können sie beurteilen …

Im Umgang mit anderen Menschen werden wir täglich dutzendmal mit den Bewertungen anderer konfrontiert. Beim Einkaufen erklärt uns zum Beispiel eine Verkäuferin, warum die Ware aus ihrer Sicht »gut«, »preiswert«, »schön« ist und warum wir deshalb zugreifen und kaufen sollten.

Jede Diskussion ist per se ein gegenseitiges Präsentieren von Bewertungen, eingehüllt in viele Worte.

Auch dann, wenn wir uns selbst informieren, werden wir oft mit Bewertungen versorgt: »Wann fährt mein Zug?« – »Neun Uhr fünfundvierzig! *Aber* geh rechtzeitig! Es ist viel

Verkehr.« Dem gut gemeinten Ratschlag liegt die subjektive Einschätzung der Verkehrslage zugrunde. Oder die – natürlich nicht ausgesprochene – Beurteilung des Verhaltens des anderen, die da lauten könnte: Da du dich sowieso immer zu spät auf den Weg machst, könnte es sein, dass du in einen Verkehrsstau gerätst und dann deine Bahnverbindung verpasst.

»›Aber …‹ ist immer ein Signal für eine unterschiedliche Bewertung«

Achten Sie auf das »aber«. Es bestätigt die oben aufgeführte Theorie: Jedes Mal, wenn jemand »aber« sagt, bedeutet dies nichts anderes, als dass er oder sie die Situation mindestens in gewissen Teilen anders beurteilt als das Gegenüber.

Um ans Beispiel des Kleiderkaufs anzuknüpfen:
Sie sagt: »Ich habe das Kleid sehr günstig kaufen können. Es hat nur vierhundertneunzig Euro gekostet!«
Er: »Das finde ich aber nicht billig – für so wenig Stoff!«
Seinem Bewertungssystem entsprechend müsste für vierhundertneunzig Euro mehr Material geliefert werden.
Sie: »Aber, Schatz, dies ist ein Kleid von Max Mara! Das kostet sonst das Doppelte!« *Sie wiederum bewertet den Markennamen hoch. Darum ist das Kleid in ihren Augen ja auch »sehr günstig«.*
In seinem Bewertungssystem ist dieser Name nicht registriert und folglich »wertlos«. »Max Mara« erinnert ihn eher an Afrika, und afrikanische Produkte sind in seiner Bewertungsskala nicht gerade weit oben.

Wie die Geschichte wohl ausgeht? Wir spüren, dass in diesen harmlosen, alltäglichen Begebenheiten der Zündstoff für einen möglichen Krach liegt. Zwei, drei negative Randbedingungen dazu – und ein böser Streit könnte ausbrechen.

Da jeder Mensch im Laufe des Lebens aufgrund seiner *eigenen* Erfahrungen sein ganz persönliches Wertesystem aufbaut, ist es ein Glücksfall, wenn eine Situation oder eine Sache von zwei Menschen genau gleich gesehen und bewertet wird. Gute Beziehungen zeichnen sich darum unter anderem durch gleichartige, mehrheitlich übereinstimmende oder sich ergänzende Bewertungen aus. In spannungsgeladenen Beziehungen haben die beiden Partner zum größten Teil unterschiedliche Auffassungen.

In einer Partnerschaft oder im Geschäftsalltag mit jemandem zu diskutieren, der häufig mit »aber« auf unsere Aussagen reagiert, ist ungemein anstrengend und frustrierend. Es zwingt uns, die eigenen Überlegungen und damit die eigene Bewertung ausführlich zu erklären und zu begründen.

»Warum streiten wir?« lautete die Eingangsfrage. Wir können eine erste Antwort geben: *Wir streiten, weil wir bewerten!* Die Basis für Konflikte liegt immer im Phänomen des Bewertens. Wir können gar nicht anders, als alle Vorkommnisse, Reize und Impulse, die wir bewusst oder unbewusst wahrnehmen, aufgrund unserer Erfahrungen zu bewerten. In Abwandlung von Descartes' berühmtem Satz »Cogito, ergo sum« (Ich denke, also bin ich) können wir sagen: Ich bewerte, also streite ich.

... alles ist Gefühl!

Für sich genommen sind unterschiedliche Bewertungen noch kein Anlass für Konflikte – sie tragen jedoch das Potenzial für Zoff und Zank in sich. Der wahre Explosivstoff stammt von den Gefühlen, die sich mit der Bewertung verbinden.

Die moderne Hirnforschung hat den Ort entdeckt, wo unsere emotionalen Ladungen sich mit unserem individuellen Bewertungssystem verknüpfen. Oder anders gesagt: wo der Konflikt seinen Sitz im Hirn hat. Im limbischen System unseres Hirns sitzt der Mandelkern, in der Sprache der Neurowissenschaft »Amygdala« genannt. Er ist als Schaltstelle für unsere Gefühle und Bewertungen für den energetischen Antrieb des Menschen verantwortlich. Hier werden die Botenstoffe generiert, die unsere Gefühle wie Liebe und Hass, Furcht und Mut aktivieren und mit den im ganzen Hirn verteilten Zentren unserer Bewertungsstrukturen verbinden. Würde man die Amygdala zerstören, so gäbe es keine Konflikte und keinen Streit mehr. Aber der Preis dafür wäre sehr hoch. Der Mensch verfiele in Gleichgültigkeit und Orientierungslosigkeit. Nichts hätte mehr für ihn Bedeutung. Wenn keine Botenstoffe mehr aktiviert werden können, empfindet er nichts mehr. Er würde sich nie mehr an der Schönheit einer Blume, über ein warmes Lächeln freuen, nie mehr sich über eine Ungerechtigkeit aufregen und nie mehr das unbeschreibliche Kribbeln des Verliebtseins spüren. So seltsam es klingen mag: Die Fähigkeit zu streiten ist auch ein Zeichen für das einwandfreie Funktionieren unseres Mandelkerns und damit auch unserer Gefühlswelt mit dem dazugehörenden Bewertungssystem.

An einem einfachen Beispiel erklärt, wirkt sich dieser Mechanismus wie folgt aus:

Stellen Sie sich vor, wir beide würden uns treffen und kennenlernen. In den ersten Sekunden unserer Begegnung schalten sich automatisch alle unsere Sinne ein, und unser Mandelkern sendet – ausgelöst durch die einströmenden visuellen und akustischen Signale – seine Botenstoffe in die entsprechenden Hirnzentren aus. Innerhalb von wenigen Momenten weiß unser »Bauchgefühl«, ob wir uns sympathisch sind oder nicht. Natürlich kann sich dieses Gefühl im Laufe der Unterhaltung verändern, da unser Unterbewusstsein – angetrieben von der Amygdala – andauernd alle Eindrücke bewertet.

Interessanterweise muss sich niemand anstrengen, um zu einem Urteil zu gelangen. Es entsteht einfach, und zwar als Gefühl, das uns – ohne dass wir darüber nachdenken müssen – signalisiert, wie wir unser Gegenüber einzuschätzen haben. Hunderte von Erfahrungen mit anderen Menschen haben ein Bewertungsraster gebildet, das die jeweiligen Eindrücke blitzschnell zuordnet, bewertet und – jetzt kommt das Wichtigste – mit den *Gefühlen* vernetzt.

»Erfahrungen sind immer mit Gefühlen verbunden«

So entstehen die unterschiedlichen Gefühle. In unserem Beispiel wird ein Gefühl von Sympathie oder Antipathie ausgelöst. Wenn wir später von Freunden gefragt werden, was wir von ihr oder ihm halten, dann antworten wir sinngemäß meistens als Erstes: »Er (oder sie) ist mir sympathisch/ unsympathisch.« Erst in zweiter Linie beginnen wir darüber nachzudenken, warum dieser Mensch in uns positive oder ablehnende Gefühle auslöst, und liefern dann unseren Freunden, falls wir es überhaupt ausdrücken können, noch Begründungen nach. Sie können das Gesagte gleich überprüfen:

<hr/>

ÜBUNG

<hr/>

Stellen Sie sich vor Ihrem geistigen Auge einen Menschen vor, den Sie sehr gut kennen und gern haben. Zählen Sie bitte auf, was Sie an dieser Person besonders lieben und schätzen. Sie sollten so etwa zehn verschiedene Eigenschaften nennen können, denn schließlich handelt es sich ja um eine Person, die Sie sehr mögen.

Wie viele konkrete Punkte haben Sie aufzählen können? Oder ergeht es Ihnen wie den meisten anderen Menschen auch? Nach drei, vier Punkten fällt einem nichts mehr ein, obwohl man spürt, dass bei Weitem nicht alles Positive gesagt ist?

<hr/>

Wir tun uns schwer, unsere Gefühle zu denken und in Worte zu kleiden. Denn unser Unterbewusstsein vertraut dem »Bauchgefühl«, nicht dem Kopf, und braucht keine langen Erklärungen und Analysen.

»Jedem Konflikt liegen subjektive Befürchtungen und Ängste zugrunde«

Die negativen Gefühle, die wir als Ärger, Wut, Unbehagen, Ablehnung und so weiter wahrnehmen, sind alles Alarmzeichen, die unser Unterbewusstsein aussendet, wenn *es glaubt*, in irgendeiner Weise bedroht zu sein oder zu werden. Für unser Gefühl ist es nicht entscheidend, ob eine objektive Bedrohung vorliegt oder ob wir einer Täuschung unterliegen.

Es reicht, wenn wir es meinen und uns in unserem Leben *subjektiv* beeinträchtigt fühlen. Darum sind unsere heftigen Reaktionen für andere oft völlig unverständlich, weil für sie keine Bedrohung vorliegt und sie unsere Gefühle nicht nachvollziehen können. »Spinnst du?« oder »Was soll dein Geschrei? Es ist doch gar nichts passiert« sind bekannte, nicht gerade aufbauende Kommentare aus unserer Umgebung.

Auch wenn äußerlich alles ruhig und kontrolliert abzulaufen scheint, gibt es niemals einen Konflikt, dem nicht Ängste zugrunde liegen. Beim Streiten entlädt sich diese Energie, indem sie sich gegen die Befürchtungen auslösende Person richtet.

Aus diesen Überlegungen können wir jetzt die zweite Erklärung nachliefern auf die Frage, warum wir streiten. *Wir streiten, um eine echte oder scheinbare Bedrohung abzuwenden.*

Jeder Eindruck, den wir bewusst oder unbewusst über unsere Sinne empfangen, ist mit Gefühlen verbunden. Darum werden wir in Einkaufszentren mit verkaufsfördernder Musik berieselt, und darum versucht die Werbung, unser Unterbewusstsein zu manipulieren, damit wir vor der Auslage das richtige Produkt wählen.

Unser Unterbewusstsein ist nichts anderes als die Summe unserer Eindrücke und Informationen mit den damit verbundenen Gefühlen, die sich im Laufe unseres Lebens in unserem Körper angesammelt haben. Diese können noch

Jahrzehnte später abgerufen werden. Die meisten Menschen kennen irgendeine Melodie, die sich zusammen mit dem ersten Liebeskummer tief ins Herz gegraben hat und, wenn sie erklingt, wieder die schmerzlich-schönen Gefühle von damals aufsteigen lässt.

Oder es fällt uns eine Fotografie in die Hände, und »alles« ist wieder präsent. Im Gegensatz zum abstrakten Denken sind Gefühle mächtige Energie. Sie rühren uns zu Tränen, schlagen uns auf den Magen, bescheren uns schlaflose Nächte, verspannen Muskeln oder lassen uns lachen, vor Freude tanzen und singen oder vor Glück überschäumen und die ganze Welt umarmen. Diese starken Kräfte sind immer an unser individuelles Bewertungssystem gebunden. Die energetische Intensität dieser Gefühle ist wiederum von Mensch zu Mensch unterschiedlich stark.

> *» Ein Konflikt entsteht durch den Zusammenprall von unterschiedlichen Bewertungen; je größer die Befürchtungen und Ängste sind, desto heftiger wird der Konflikt ausgetragen «*

Darum empfindet kein Mensch in der gleichen Situation genau das Gleiche. Was den einen erschüttert, kann ein anderer kalt und unberührt wegstecken. Was mir Tränen in die Augen treibt, finden Sie vielleicht nur lächerlich. Auch wenn wir äußerlich die gleichen Werte vertreten, bedeutet dies noch lange nicht, dass wir sie gleich empfinden.

Ein Konflikt ist deshalb nie eine objektive Auseinandersetzung. Er ist das Produkt des Aufeinanderprallens von individuellen Bewertungen und den damit verbundenen emotionalen Energien.

Hier ein Beispiel, das etwas Grundsätzliches veranschau-
lichen soll: Wenn wir mit unserem Auto auf einer Kreuzung
einen Zusammenstoß knapp verhindern konnten, so fährt
uns ein Schreck in die Glieder. Den Beinaheunfall empfin-
det unser biologisches System als Bedrohung. Deshalb ist
unsere wohl übliche, spontane Reaktion: Fenster herun-
terlassen und den aus unserer Sicht fehlerhaften Automobi-
listen anzubrüllen: »Können Sie nicht aufpassen!« Denn in
unserer Bewertung der Situation hat sich »ganz eindeutig«
der andere falsch verhalten. »Passen Sie doch selber auf!
Sie blindes Huhn!«, schallt die gehässige Antwort zurück.
In der Bewertung des andern haben wir uns falsch ver-
halten. »Werden Sie nur nicht frech! Sie …!«, ärgern wir uns
wiederum, weil unser Bewertungssystem die Äußerungen
des rücksichtslosen Fahrers als unanständig beurteilt und er
sich emotional aufpumpt.

Durch das Hin und Her von Beschuldigungen und Belei-
digungen kann sich bei den Kontrahenten ein solches Wut-
gefühl entwickeln, dass die ganze Geschichte eskaliert und
die Wut sich letztlich in Handgreiflichkeiten entlädt.

Sollte uns jemand begleiten, so wird diese Person mit
hoher Wahrscheinlichkeit beschwichtigend auf uns einreden:
»Lass doch! Was regst du dich auf? Es ist ja nichts passiert
und alles halb so wild!« Die Begleitperson hat gut reden, sie
ist ja nicht gestoßen worden. Sie bewertet folglich den Vor-
fall weniger emotional, das heißt, sie hat keinen Grund zu
Befürchtungen und kann daher ruhig bleiben. Wir hingegen
schimpfen noch eine Weile über die Rücksichtslosigkeit auf
dieser Welt, und beruhigen uns erst, wenn das überschüssige
Adrenalin sich wieder abgebaut hat.

Dieses Beispiel lässt sich als Modell für die Entstehung eines Konflikts und für das Konfliktverhalten verwenden. So, wie wir auf dem Gehsteig unbeschwert voranschreiten wollen, genau so beanspruchen wir körperlich und geistig einen Lebensraum, in dem wir auf der Basis unserer Bewertungen frei denken, entscheiden und handeln können.

Wie beim Zusammenprall der beiden Körper, stoßen auch im Alltag unterschiedliche Bewertungen und Gefühle heftig zusammen. Aber anstatt über die Ursache zu reflektieren, ärgern wir uns über den Kontrahenten. Wir fühlen uns durch sein Verhalten eingeschränkt und eingeengt. Wir *befürchten*, in unserer Lebensqualität beschnitten zu werden. Die Einschränkung unserer Bewertungen bedroht unsere Lebensqualität und damit unsere Bedürfnisse und unseren Handlungsspielraum.

> *»Die Energie, die den Konflikt antreibt, ist unsere Befürchtung, in unserem Handlungsspielraum und damit unserer Lebensqualität eingeschränkt zu werden«*

Das wollen wir nicht akzeptieren, denn wir *befürchten*, falls wir es einfach hinnehmen und nachgeben, letztlich unser ganzes Lebenskonzept aufgeben zu müssen. Auch der Kontrahent *befürchtet* einen Verlust seiner Lebensqualität, durch die Einschränkung seiner Bedürfnisse, Wünsche und Freiräume.

Darum bekämpft er uns genauso, wie wir ihn. Die verbalen Auseinandersetzungen, die sogar in Handgreiflichkeiten münden können, sind Ausdruck dieses Kampfs.

Damit ist jeder echte Konflikt immer auch ein Kampf, bei dem es darum geht, die Macht über den anderen zu gewinnen. Erst wenn wir über den anderen triumphieren, haben wir die Sicherheit, unsere Bewertungen und damit das eigene Lebenskonzept durchgesetzt zu haben.

»Jeder Konflikt ist ein Machtkampf;
jeder Mensch möchte letztlich sein eigenes
Bewertungssystem und damit sein
Lebenskonzept durchsetzen«

Dies alles mag ein bisschen übertrieben klingen. Aber schließlich kann man es drehen und wenden, wie man will: Abweichungen von unseren Bewertungen sind für uns immer Bedrohungen. Je größer die Abweichung und je bedeutender in unseren Augen der Anlass, umso mehr Ängste – ich nenne sie »Befürchtungsenergien« – werden frei.

Was einen Konflikt anheizt

Je mehr ich der Frage nachging, was einen Konflikt auslöst und was ihn antreibt, umso deutlicher erkannte ich, dass ein Konflikt seine Bedeutung nicht durch objektive Fakten, sondern durch die Befürchtungsenergien erhält. Besonders in politischen Auseinandersetzungen wird das sehr deutlich. Erinnern Sie sich noch an die hitzigen Diskussionen um das »Waldsterben«? Die Angst vor dem sauren Regen, der ganze Wälder entblättert und zerstört, war groß. Diese Befürchtungsenergie trieb Zehntausende auf die Straße. Sie demonstrierten für eine Begrenzung der CO_2-Schadstoffe, gegen die Automobilindustrie und die Öllobby. Und heute? Gemäß dem offiziellen Waldzustandsbericht 2012 geht es dem deutschen Wald immer noch sehr schlecht. Über 60% der Nadelhölzer, Buchen und Eichen weisen gravierende Schäden auf. Wo sind die leidenschaftlichen Aufrufe zur Rettung von Tannen und Fichten geblieben? Sie finden in der Öffentlichkeit kein Echo mehr, weil die Befürchtungsenergien verschwunden sind, sei es aus Resignation, aus Gleichgültigkeit oder weil sich die Angst als übertrieben erwiesen hat.

In den letzten Jahrzehnten haben Themen wie »Rettet die Wale!«, »Schützt den Tiger!«, »Keine Kernkraftwerke mehr!«, »Stoppt Aids!« und so weiter gewaltige Befürchtungsenergien freigesetzt. Und heute? Die Wale und Tiger sind noch immer vom Aussterben bedroht. Einige Kernkraftwerke dürfen für die nächsten 20-30 Jahre noch Atommüll und Strom produzieren. Aids ist immer noch eine verheerende Krankheit für die Völker in Afrika. Die Menschen haben sich an diese Bedrohungen gewöhnt, und damit sind die akuten Befürchtungen geschwunden. Die Medien haben sehr schnell begriffen, dass mit diesen Themen keine Auflagensteigerungen mehr zu erzielen sind, und bringen Informationen dazu nur noch als Randnotizen.

Was sich im Großen zwischen Parteien und Gesellschaftsblöcken abspielt, findet sein Gegenstück auch im Kleinen in der Beziehung. Sobald die Befürchtungsenergien abnehmen und unbedeutend sind, wird auch der Konfliktgrund unbedeutend. Der Machtkampf hört auf.

Ein Beispiel dieser Art hat mir vor drei Jahren mein Freund François geliefert, als er sich entschied, nicht mehr mit seiner Lebenspartnerin Madeleine zusammenzuwohnen, sondern eine eigene Wohnung zu beziehen. Madeleine empfand seine Entscheidung als Vertrauensbruch und stellte ihn vor die Wahl: entweder die Wohnung oder ich. François blieb hart. Sie auch. Der Machtkampf entbrannte. Von gegenseitigem Hörerauflegen über flehende, mit drohendem Unterton verfasste Briefe bis zu der per Post zugestellten Schuhschachtel mit seinen Rasierutensilien und der Zahnbürste lief alles ab, was in einem Beziehungskonflikt zum Programm gehört.

François ließ sich von seinem Entschluss nicht abbringen und zog in sein neues Heim ein. Nach ungefähr sechs Monaten siegte die Liebe – das wäre die romantische Interpretation. Nüchtern betrachtet, baute sich in dieser Zeitspanne bei Madeleine das Befürchtungspotenzial ab, weil sie feststellte, dass die zwei Wohnungen für ihre Beziehung keine Bedrohung darstellten und sie ihre Energie wieder für die Zweisamkeit statt gegen ihren Partner verwenden sollte. Er benützte seine Wohnung weder als sturmfreie Bude noch als Bunker, um sich ihr zu entziehen. Er brauchte als künstleri-

scher Mensch einfach eigene vier Wände, um ungestört kreativ arbeiten zu können. Ihre Befürchtungen waren unnötig gewesen. Der Machtkampf war zu Ende.

Wie dieses Beispiel zeigt, vermag der Konfliktgrund allein einen Konflikt nicht anzuheizen, solange keine Befürchtungsenergien aufgebaut werden. Sind die Befürchtungen aber aktiv, schaukeln sie sich gegenseitig hoch, indem sich ihre Energien multiplizieren. Wie in einem Dampfkessel nimmt die Konfliktintensität exponentiell zu.

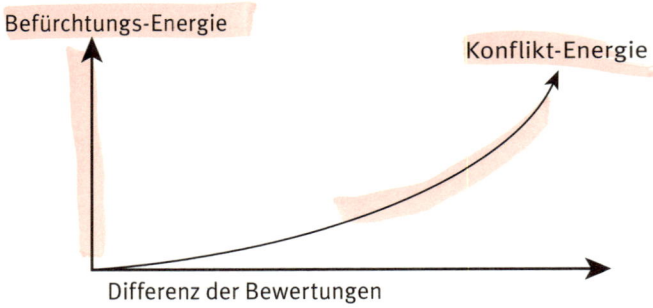

Abb. 1 Exponentielle Zunahme der Konfliktintensität

Sind auf beiden Seiten die Befürchtungsenergien groß, dann ist der Streit auch heftig. Darum können vermeintliche Kleinigkeiten eine ganze Lawine auslösen, wenn sie auf massive Befürchtungen treffen. Die Konfliktintensität macht zudem deutlich, dass es für den Ausbruch eines Konflikts schon reicht, wenn die Parteien geringe Befürchtungen haben. Sind umgekehrt die Bewertungen massiv unterschiedlich, ist aber die Befürchtungsenergie null, dann gibt es keinen

Konflikt, sondern intensive Verständigungsgespräche. Diese Situation erleben wir immer wieder auf Ferienreisen im Ausland und beim Kontakt mit fremden Kulturen. Jeder Teil versucht den anderen in seinem Denken, Fühlen und Handeln zu verstehen und zu respektieren. Das Bewusstsein, dass erst Befürchtungen und Ängste zu Konflikten führen, könnte als Basis dienen, Toleranz zu lernen und zu entwickeln.

»Jeder Konflikt wird von bewussten oder unbewussten Befürchtungen angetrieben; ohne Befürchtungsenergien gibt es keinen Streit«

Die Intensität eines Konflikts entsteht also nicht, weil wir unterschiedliche Meinungen vertreten, sondern einzig aus den bewussten und unbewussten Ängsten, die an unsere eigenen Bewertungen gekoppelt sind.

Schon vor zweitausend Jahren stellte der griechische Philosoph Epiktet fest: »Es sind nicht die Dinge, die uns beunruhigen – es sind unsere Vorstellungen von Dingen.« Wenn wir das Wort »Vorstellungen« durch »Befürchtungen« ersetzen, dann bringt das Zitat das Gesagte genau auf den Punkt.

Die drei Konfliktebenen

Wir haben festgestellt, dass ein Konflikt einen Macht-kampf zwischen unterschiedlichen Bewertungen darstellt, angetrieben von den Befürchtungsängsten der Widersacher. Diese Bewertungen und die damit verknüpften Ängste sind nicht abstrakte Vorstellungen oder Gefühle, sondern entspringen den drei Konfliktebenen »körperliche Ebene«, »zwischenmenschliche Ebene« und »Persönlichkeitsebene«.

Die körperliche Ebene

Mangel zu ertragen, empfinden wir als Beeinträchtigung unserer Lebensqualität. Er ist deshalb für uns schmerzhaft. Wir wollen genügend und gut essen, ausreichend und un-gestört schlafen, uns warm und wohlig fühlen. Wir möch-ten ein sexuell befriedigendes Leben führen, über genügend Geld verfügen und hundert andere Dinge mehr, kurz: Wir wollen uns geschützt und frei von Existenzsorgen fühlen. Wir suchen daher nach Absicherung und nach Kontinuität in der Befriedigung dieser Bedürfnisse. Dieses fortwährende Streben nach Wohlbefinden begleitet uns bis ans Ende des Lebens. Wenn etwas die körperliche Sicherheit und das Wohlbefinden stört oder wir *befürchten,* es könnte sie stö-ren, dann erfolgt unmittelbar eine deutliche Abwehrreak-tion.

Im Alltag erleben wir solche Situationen sehr häufig. So kennen Sie bestimmt Menschen, die Sie besser nicht mitten in der Nacht wecken, wenn Sie keinen Ärger haben wollen, oder solche, die mit leerem Magen »ungenießbar« sind. Ganz zu schweigen von Geldproblemen oder einem lahmen Liebesleben. Die Liste ließe sich beliebig verlängern. Alle diese Punkte bieten Nährboden für Konflikte. Besonders, wenn das eigene körperliche Wohlbefinden von jemand anderem abhängt oder die Wünsche nicht befriedigt werden, zeigen die wenigsten Mitgefühl oder Verständnis, sondern reagieren sauer und aggressiv. Sigmund Freud, der große Wiener Psychiater, ortete deshalb besonders in sexuellen Frustrationen ein fundamentales Konfliktpotenzial, das schwere psychische Störungen auslösen kann. In vielen Beziehungen führt daher ein unbefriedigendes Liebesleben zu Spannungen und Streit. Körperliches Wohlbefinden hingegen erhöht die Frusttoleranz, während Krankheit und körperliche Defizite die Reizbarkeit und Streitsucht nähren.

Die zwischenmenschliche Ebene

Nicht nur als Säuglinge, sondern auch als Erwachsene sehnen wir uns nach Geborgenheit und Nähe. Wir benötigen Anerkennung und Liebe, die wir wie die Luft zum Atmen brauchen.

Jeder normale Mensch will um seiner selbst willen geliebt werden, vertrauen können und sich in stabilen Beziehungen geborgen fühlen. Neben dieser Sehnsucht nach Kuscheln und Aufgehobensein wollen wir aber als aktiver, gestaltender Teil in unserer sozialen Rolle ernst genommen, ja eigentlich für unser Wissen und Können, unser Aussehen und unsere ganze Ausstrahlung bewundert werden. Respekt, Lob und Anerkennung garantieren uns einen festen Platz in unserem Beziehungssystem. In Konfliktsituationen sind deshalb das Niedermachen, Auslachen, Verspotten und Verhöhnen ein oft eingesetztes, sehr wirksames, aber ebenso grausames Kampfmittel. Es trifft uns im Innersten und löst Wut und Hass aus. Darauf reagieren die einen aggressiv, die anderen schlucken alles, ohne mit der Wimper zu zucken. Ist der Spötter unangreifbar, so wird der Konflikt vom Opfer nicht offen ausgetragen, sondern es rächt sich auf verdeckte Art und Weise.

Die Persönlichkeitsebene

Die Ebene der Entwicklung und Entfaltung unserer Persönlichkeit wird vom Konflikt ebenfalls berührt. Die Vertreter der humanistischen Psychologie, Abraham Maslow, C. R. Rogers und andere, betonen in ihren Untersuchungen die große Bedeutung der Sehnsucht des Menschen, sich schöpferisch und frei entwickeln und entfalten zu können. Nichts bereichert unser Leben mehr, als stolz auf eine Leistung zu sein, die wir dank unserer Fähigkeiten ganz allein und ohne fremde Hilfe erbracht haben. Vorschriften, Einschränkungen, Reglemente, Weisungen von Chefs, dem Partner, der Partnerin können uns zermürben oder bis zur Weißglut treiben. Empfinden wir die Welt als zu eng und zu starr, versuchen wir auszubrechen, um Luft für unsere Seele zu schöpfen und unsere Persönlichkeit vor der Normierung zu retten. Wir opponieren, kämpfen, taktieren. Wir wehren uns – und schaffen damit die schönsten Konflikte: in der Pubertät mit den Eltern und Lehrern, später im Beruf, im Alltag oder in der Partnerschaft, wenn wir fremde Vorstellungen übernehmen sollen.

Konflikte wurzeln immer in einer dieser drei Ebenen. Sie können sich zudem mit einer anderen Ebene verbinden, was die Konfliktlösung erschwert.

Sehr oft wird ein Konflikt vordergründig auf einer Ebene ausgetragen, die eigentliche Ursache des Problems liegt aber auf einer anderen. Es gibt Menschen, die setzen ihre Krankheit als Waffe in ihren Beziehungen ein. Dadurch zwingen sie der Umgebung ein Verhalten auf, das diese als Manipulation empfindet.

Der Konflikt fokussiert sich dann meistens auf die Frage: Krank oder Simulant? Dabei ist die Krankheit, ob real oder eingebildet, nur Vehikel, um einen tiefer liegenden Konflikt der zweiten oder dritten Ebene auszutragen. So können die oft kolportierten »Kopfschmerzen«, die erlauben, sich dem Partner, der Partnerin zu entziehen, ein solches Konfliktsignal sein. Krankheitsbedingte Absenzen in Unternehmen weisen ebenfalls sehr oft auf ungelöste Konflikte hin.

Unabhängig davon, welcher Ebene der Konflikt entspringt, ist in allen Streitfällen immer die *subjektive Bewertung* der Umstände entscheidend. Das damit verbundene persönliche Maß an Befürchtungen ist der Motor des ausbrechenden Streits.

Was ist der Unterschied zwischen einem Konflikt und einem Streit?

Im Alltag wird zwischen den beiden Begriffen »Konflikt« und »Streit« nicht wirklich unterschieden – es sei denn, dass als »Konflikte« Auseinandersetzungen zwischen Staaten, Parteien und anderen gewichtigen Institutionen bezeichnet werden, während der Ausdruck »Streit« mehr im sozialen Bereich, also zwischen Einzelpersonen oder Gruppen, angesiedelt wird.

Für unsere Überlegungen reicht es aus, wenn wir eine einfache Terminologie wählen:

- **Ein Konflikt** ist das *Aufeinandertreffen* von unterschiedlichen Interessen, Bedürfnissen und Motiven und den damit verbundenen Wertvorstellungen, die bei den Konfliktparteien Ängste und Befürchtungen auslösen.
- **Ein Streit** ist die manifestierte, das heißt in *Aktionen* umgesetzte Form des Konflikts. Die Auseinandersetzung ist in erster Linie von Emotionen, sprich: von den Befürchtungen getrieben und erst in zweiter Linie von rationalen Überlegungen.
- **Eine Meinungsverschiedenheit** ist das Aufeinandertreffen von unterschiedlichen Interessen, Bedürfnissen und Motiven und den damit verbundenen Wertvorstellungen, *ohne* jedoch Ängste und Befürchtungen auszulösen. Meinungsverschiedenheiten werden in erster Linie von rationalen Überlegungen und erst in zweiter Linie – wenn überhaupt – von Emotionen getrieben.

»Alarmknöpfe« und »Tretminen«:
Wie man einen Streit vom Zaun bricht

Die Summe unserer Erfahrungen führt dazu, dass wir bestimmte Dinge über uns selbst glauben. Dieses Selbstbild halten wir für wahr – selbst wenn es objektiv betrachtet falsch ist. Erlebnisse in den ersten Lebensjahren werden von unserem Unterbewusstsein zu »Wahrheiten« komprimiert, an die sich spätere Ereignisse andocken und damit diese »Wahrheiten« ausbauen und festigen. Sie bilden die Grundlage für unser tägliches Denken, Fühlen und Handeln und damit für unser Bewertungssystem.

Wie ein Autopilot eines Flugzeugs steuern diese »Wahrheiten« unser Leben. Wir können zwar bewusst eingreifen und das Steuer übernehmen. Aber sobald wir das Steuer loslassen, übernimmt der Autopilot wieder die Kontrolle, und wir fliegen weiter auf der Route unseres programmierten Verhaltens in ein gutes oder weniger gutes Schicksal.

*»Das Unterbewusstsein steuert
unsere Bewertungen«*

Dazu ein Beispiel: Stellen Sie sich Klein Hänschen vor, zwei Jahre alt, aufgeweckt und quicklebendig. Er entdeckt auf dem Beistelltischchen im Wohnzimmer eine Kerze, die brennt. Von Neugier getrieben, was das warme Flackern wohl bedeuten mag, langt er mit seinem Händchen in die Flamme. Die Kerze fällt um, die Mutter schreit auf, und Hänschen beginnt laut zu weinen. Seine Fingerchen schmerzen.

Für Hänschen beginnt mit diesem Erlebnis ein Lernschritt auf drei Ebenen: Auf der körperlichen Ebene lernt er: Flackern bedeutet »sehr heiß«, und »sehr heiß« bedeutet Schmerz. Später wird er weitere verwandte Begriffe wie »Feuer«, »Glut«, »Herdplatte«, »elektrischer Strom« und so weiter an dieses Erlebnis andocken und sich damit bei ähnlichen Situationen vor Verbrennungen schützen. Das Lernergebnis hängt ganz vom Verhalten der Bezugsperson ab.

Version 1

Stellen Sie sich vor, die Mutter reißt Klein Hänschen weg, schlägt ihm auf die Hand und sagt: »Ich habe dir gesagt, du sollst die Kerze nicht anfassen! Geschieht dir recht, da du nicht gehorchst!« Im Unterbewusstsein von Hänschen wird sich die Botschaft verankern: Immer, wenn ich einen Fehler mache, werde ich dafür bestraft!

Der innere Autopilot von Hänschen wird im Laufe seines weiteren Lebens alle Ereignisse mit diesem Erlebnis in Verbindung bringen und zur »Wahrheit« verdichten: Fehler werden bestraft! Folglich wird es dem erwachsenen Hans schwerfallen, einen Fehler zuzugeben ...

Version 2

Die Mutter nimmt Klein Hänschen in den Arm, tröstet ihn und pflegt liebevoll sein Händchen. Sie schimpft nicht, sondern lässt ihn Sicherheit und Geborgenheit spüren. Hänschen lernt aus dieser Erfahrung, dass er Fehler machen kann und trotzdem die Liebe der Mutter nicht verliert. Die Chance ist groß, dass er in seinem späteren Leben keine Mühe hat, eigene Fehler einzugestehen, und zudem wird er gegenüber anderen Mitmenschen ein hohes Maß an Toleranz und Anteilnahme zeigen. Als mögliche Führungskraft ist für ihn im Umgang mit Mitarbeitern und Mitarbeiterinnen dann auch selbstverständlich, dass »Fehler da sind, um daraus zu lernen …«.

Außerdem lernt Hänschen, seine Neugier zu zügeln. Er lernt, dass es sich lohnt, Erkenntnisse und Erfahrungen – auch von Dritten – in seine Entscheidungen miteinzubeziehen und nicht einfach jedem Impuls hemmungslos nachzugeben. Im späteren Leben wird er zwischen Risiken und Chancen klug abwägen und je nach Version eins oder zwei lieber nichts unternehmen, um ja nichts Falsches zu tun, oder mutig Chancen ergreifen, sein Leben gestalten und bereit sein, Risiken auf sich zu nehmen.

Tabuzonen = Konfliktzonen

Nicht immer müssen Erlebnisse aus der frühesten Vergangenheit entscheidend für unsere Reaktion sein. Es gibt genügend Ereignisse, die gar nicht so weit zurückliegen, auf die wir aber sehr sensibel reagieren. Um uns zu schützen, umgeben wir sie mit einer Tabuzone. Wenn jemand die Abgrenzung überschreitet, dann tritt er sehr schnell auf eine unserer »Tretminen« oder aktiviert einen »Alarmknopf«. Auf diesen Akt reagieren wir spontan und heftig. Wir fühlen uns bedroht und wehren uns.

Der Begriff »Tretminen« steht für Situationen oder Tatbestände, in die sich jemand hineinmanövriert, ohne zu ahnen, dass er damit bei seinem Gegenüber einen wunden Punkt berührt, der in diesem starke Emotionen auslöst. Ein Konflikt kann nur dann vermieden werden, wenn die Person, die sich in die Tabuzone verirrt hat, sich *sofort* zurückzieht und deutliche Signale setzt, dass ihr das unbeabsichtigte Betreten dieser empfindlichen Zone leidtut.

Erfolgt aber kein Rückzug, oder noch schlimmer, hakt der andere nach, dann ist ein Streit unvermeidlich.

Peter gehört zu den Menschen, die mit unglaublicher Präzision »Tretminen« auslösen können. Nachdem er vernommen hatte, dass Bernhards Sohn schwul war, stellte er lauthals seine Theorie auf, dass Bernhard den Sohn als Kind vernachlässigt und bestimmt große Fehler in der Erziehung gemacht habe. Kurz: dass Bernhard in der Rolle als Vater versagt habe. Bei ihm, Peter, würde ein Sohn nie homosexuell! Bernhards »Tretmine« ging durch Peters ungefragte

Meinung hoch. Die darauffolgende Diskussion war kurz und heftig. Sie reden bis heute nicht mehr miteinander.

Demgegenüber sind »Alarmknöpfe« Punkte, auf die wir sehr verletzlich reagieren und die ein Dritter mit Absicht aktiviert.

Rahel ist eine dreißigjährige ledige Mutter. Ihre Tabuzone heißt »Mann« oder genauer: »Ehemann«. Man kann mit ihr über alles reden, nur sollte man sie nie fragen, warum sie keine feste Beziehung hat. Dann hört die Freundschaft auf, und sie reagiert sehr heftig. Ihre verheiratete Schwester benützt diesen heiklen Punkt gern als »Alarmknopf«.

Wenn sie Rahel ärgern oder sich für irgendetwas rächen will, dann kann sie ihr ganz locker und mit einem bösen Lächeln an den Kopf werfen: »So, wie du dich verhältst, ist es ja klar, dass kein Mann bleibt!« Das wirkt immer. Rahel ist damit genau an ihrem wunden Punkt getroffen und keift zurück.

»›Tretminen‹ sind Reizthemen, die Dritten unbekannt sind und von diesen ungewollt ausgelöst werden; ›Alarmknöpfe‹ werden von Dritten gewollt aktiviert«

Wir alle haben Bereiche, in denen ein Wort oder sogar nur eine Geste genügt, um uns auf die Palme zu bringen. Wenn wir stärker werden wollen, so sollten wir unsere Tabuzone und die darin verborgenen »Tretminen« und »Alarmknöpfe« wahrnehmen und sie akzeptieren. Wir lösen einen Konflikt nie, indem wir gegen jemanden kämpfen, nur weil er einen wunden Punkt von uns berührt hat. Erst wenn wir uns mit unseren Tabuzonen aktiv auseinandersetzen, schaffen wir die nötige emotionale Distanz zu unbedarften Äußerungen und können gelassen und souverän reagieren. Ich möchte Sie einladen, sich zu folgenden Fragen Gedanken zu machen:

KURZTEST

- In welchen Situationen reagiere ich besonders empfindlich?
- Warum?
- Durch welche Verhaltensweisen von anderen Menschen fühle ich mich beleidigt?
- Kenne ich die Gründe?
- Welche Bemerkungen ertrage ich schlecht? Was lösen sie in mir aus?
- Von wem lasse ich mir nichts gefallen? Warum lehne ich diese Person ab ?
- Welche »Feindbilder« (Vorurteile, negative Pauschalurteile wie z. B. »Alle Südländer sind untreu«, unverrückbare »Wahrheiten« über andere Menschen) trage ich in mir?

Es ist nicht einfach, spontan gültige Antworten zu finden. Unser Unterbewusstsein und sein Bewertungssystem sind zäh im Verteidigen eingeschliffener Reaktionen und geben daher ihre Geheimnisse nicht so schnell preis. Gehen Sie darum diese Fragen locker und mit Humor an.

Humor ist die Fähigkeit, sich selbst nicht so wichtig zu nehmen und seine auch weniger vorteilhaften Seiten liebevoll zu akzeptieren. Darum ist Humor auch ein ausgezeichneter Türöffner zur Erkenntnis der eigenen Stärken und Schwächen.

Bestimmt würde es sich auch lohnen, dieselben vier Fragen in etwas abgeänderter Form in Bezug auf unser Verhalten gegenüber anderen Menschen – hier nehmen wir als Beispiel unseren Partner oder unsere Partnerin – zu stellen:

―――――――――――― **KURZTEST** ――――――――――――

- Welches Thema schneide ich gegenüber meinem Partner, meiner Partnerin lieber nicht an? Welchen »Alarmknopf« würde ich bei ihm/ihr dadurch aktivieren?
- Mit welchem Verhalten provoziere ich meinen Partner, meine Partnerin immer wieder ? Warum tue ich das?
- Mit welchen Bemerkungen, die prompt zum Streit führen, verletze ich meinen Partner, meine Partnerin? Warum sage ich das ?
- Was lässt sich mein Partner, meine Partnerin von mir nicht gefallen und reagiert darum auch sehr heftig darauf?

―――――――――――――――――――――――――――――――

Konflikt? Ich merke nichts! –
Woran sich ein Konflikt erkennen lässt

Die meisten Konflikte laufen verdeckt ab. Wenn wir bei jemandem einen »Alarmknopf« aktivieren oder eine »Tretmine« auslösen, dann wird uns diese Person nur in den seltensten Fällen offen und ehrlich mitteilen, dass sie sich provoziert oder gar verletzt fühlt. Anstatt klar und deutlich zu sagen: »Du forderst mich heraus!«, oder: »Willst du mich ärgern?«, oder: »Willst du streiten?«, reagieren wir indirekt – mal aggressiv, mal uns verteidigend – mit Signalen, die auf die Existenz eines Konflikts hinweisen. Aber es gibt da noch eine grundlegende Schwierigkeit: Nicht nur Außenstehende, sondern auch die Betroffenen selbst nehmen Konfliktsymptome meistens gar nicht wahr oder wollen sie nicht bemerken. Dabei wäre es hilfreich, einen Konflikt schon in seiner Entstehung entschärfen zu können. Manch böser Streit oder zumindest seine Eskalation ließe sich so vermeiden.

Konfliktsignale zu erkennen bedeutet, mit feinem Gespür sich und die anderen wahrzunehmen und zu beobachten. Diese verdeckten Signale sind aber auch Hilferufe aus dem Unterbewusstsein, den drohenden Konflikt aktiv anzugehen und Lösungen zu finden. Folgende Arten von Signalen werden ausgesendet:

Direkte Aggressionssignale

Zynismus:

»Ich habe von dir nichts anderes erwartet – du bist eine Niete!«

Ironie

(z. B. gegenüber einem übergewichtigen Mann): »Aber du mit deinem Arnold-Schwarzenegger-Körper ...«

Spott:

»Das kann eine Kindergartenschülerin ja besser!«

Pseudoliebevolle Bezeichnungen:

»Mein Dummerchen!«

Durch direkte Aggressionssignale soll der Partner, die Partnerin provoziert werden, sein/ihr Verhalten von Grund auf zu verändern. Die mehr oder weniger starke Demütigung dient dem Kritiker, der Kritikerin zudem als Ventil für angestautes Unbehagen.

Indirekte Aggressionssignale

Stellvertreter-Themen:

»Jessica will sich trennen! Ich kann das gut verstehen ...« Anhand von Geschichten von Freunden und Bekannten soll indirekt auf die eigenen Schwierigkeiten hingewiesen werden. Die Diskussion über den »Fall Jessica«, den wir hier als Beispiel aufführen, ist ein deutliches Signal, die eigene Situation zu überdenken, Ungereimtheiten in der eigenen Beziehung aufzudecken und sie (endlich!) gemeinsam zu besprechen. Gleichzeitig bieten Stellvertreter-Themen die Möglichkeit, unverbindlich Lösungsvarianten für den eigenen Konflikt zu entwickeln, ohne sich festlegen zu müssen.

Klagemauer:

Freunde oder Bekannte werden als Klagemauer benützt. Bei gemeinsamen Anlässen, wie zum Beispiel einem Abendessen, wird spöttisch oder ironisch über den störenden Verhaltenspunkt des Partners, der Partnerin gelästert. Diese Bloßstellung des anderen soll bewirken, dass die Anwesenden ebenfalls über das Opfer herfallen und damit Druck für eine erwünschte Verhaltensänderung machen. Da der Konflikt nie offen und ehrlich ausgetragen wird, dient die Klagemauer als taktischer Rahmen, um einen lauten Streit zu vermeiden. Die angeschuldigte Person ist genötigt, will sie nicht ihr Gesicht verlieren, sehr kontrolliert und sachlich zu argumentieren und ihre Emotionen zu unterdrücken.

Resignationssignale

Körperliche Krankheiten:

Auf Konflikte, die über eine lange Zeit nicht gelöst werden und für die auch keine positiven Veränderungen in Sicht sind, reagieren viele Betroffene mit körperlichen Beschwerden wie Migräneanfälle, Magenbeschwerden, Übelkeit und so weiter.

Seelische Krankheiten:

Ein anderes deutliches Resignationszeichen sind Depressionen. Angefangen von allgemeiner Energielosigkeit bis zum Gedanken an Selbstmord.

»Aktivitis«:

Ein ständiges Getriebensein, etwas zu tun oder zu unternehmen, um dem Konfliktgrund auszuweichen. Es verschafft zudem ein Alibi, für die Lösung des Problems keine Zeit zu haben.

Sucht:

Mit der Sucht (Alkohol, Drogen, Tabletten) soll die Sehnsucht nach Auflösung der ungelösten Konflikte gestillt werden. Die Suchtmittel betäuben den seelischen Schmerz und helfen, die unerträglichen Spannungen auszuhalten, da sie von den Betroffenen nicht gelöst werden können. Besonders Alkohol spielt in vielen Beziehungen eine Schlüsselrolle im Verdrängen von Konflikten. Er beruhigt, beschwingt, färbt die Welt für eine Weile rosig und lässt Konflikt und Streit vergessen.

Selbstaufgabe:

Die Formel »Wie du willst!« steht stellvertretend für alle Handlungen und Signale der Selbstaufgabe. Um Streit zu vermeiden, wird alles getan, was der Partner, die Partnerin will. Jedes drohende Konfliktzeichen wird mit der Frage nach der gewünschten Lösung pariert, um ja nicht das Falsche zu machen.

Die Tragik, Konflikte nicht wahrnehmen zu können oder zu wollen, besteht nicht nur in den körperlichen und seelischen Belastungen, die über Jahre anhalten, sondern auch im Verkennen der heilsamen und befreienden Wirkung gelöster Konflikte.

»Das sehe ich ganz anders« –
Warum eine Meinungsverschiedenheit noch kein Konflikt ist

Vor einem abendlichen Vortrag setzte ich mich in ein Restaurant, um nochmals mein Manuskript durchzuschauen. Am Stammtisch nebenan saßen etwa zehn Personen, acht Männer und zwei Frauen. Sie redeten über die regionale Politik. Was heißt reden, sie schrien ihre Argumente in die Runde. Jeder versuchte, den anderen zu übertönen.

Lautstärke kompensierte zunehmend den Mangel an überzeugenden Argumenten. Behauptung folgte auf Behauptung. Nicht genehme Argumentationen wurden gleich verächtlich mit pauschaler Ablehnung quittiert. Kraftausdrücke begleiteten die Voten, um ihnen die nötige Durchschlagskraft zu verleihen. Es ging hitzig zu und her. Und neben all dem »Du hast ja keine Ahnung!« oder »Was Du für einen Stuss redest!« wurde viel gelacht, und es wurden Sprüche geklopft. Ich fragte die Bedienung, was denn los sei? »Nichts Besonderes. Das ist bei denen immer so!« Später haben sich die Stammtischler verabschiedet, freundschaftlich und gut gelaunt.

Keinem dieser Gäste wäre es auch nur einen kurzen Augenblick in den Sinn gekommen, diese hitzige Diskussion als Streit zu bezeichnen. Ihre Meinungsverschiedenheiten dienten dazu, sich zu profilieren und ihre Klugheit und Lebenserfahrung zu demonstrieren. Sie haben die unterschiedlichsten Auffassungen und Ideen lauthals vertreten und sich gegenseitig Zunder gegeben – aber nie war die Kameradschaft dieser Stammtischrunde gefährdet. Im Gegenteil: Da jeder hemmungslos seine Meinung loswerden durfte, ohne von der Gruppe diffamiert zu werden, fühlten sich alle in diesem Tohuwabohu gut aufgehoben. Hier wurden sie gehört und fühlten sich darum zugehörig. Warum ist trotz heftiger Wortgefechte kein Konflikt entstanden? Die Antwort ist einfach. *Es fühlte sich niemand bedroht,* weder auf der sozialen noch auf der persönlichen Ebene. Das offene Austragen von Meinungsverschiedenheiten stärkte die Zugehörigkeit zu dieser Gruppe. Darum durfte jeder bedenkenlos mit verbalem Imponiergehabe seine Wichtigkeit demonstrieren, ohne einen anderen in der Runde abzuwerten. Niemand musste etwas befürchten. So brüllten sie lachend und lachten brüllend.

> *»Die größten Meinungsverschiedenheiten können friedlich ausgetragen werden, solange sie von den Beteiligten nicht als Bedrohung des eigenen Lebenskonzepts empfunden werden«*

Ganz anders die Vorstandssitzung einer Versicherungsgesellschaft, die ich miterleben musste.

Die Atmosphäre war frostig, und jeder hielt sich mit seinen Äußerungen zurück. Der Vorstandsvorsitzende erteilte jeweils im militärischen Ton das Wort. Vorbereitete Folien und Texte sicherten ab, dass ja nichts Falsches gesagt wurde. Diese unterkühlte und kontrollierte Sitzung erlebte aber plötzlich eine Veränderung, als ein junger Marketingleiter von außen aufgerufen wurde, eine neue Verkaufsstrategie zu präsentieren. Mit Schwung und Begeisterung legte er sein Konzept vor. Als er sich in seinem Feuer zu ein paar flotten Sprüchen hinreißen ließ und voller Freude bemerkte, wie sehr er sich heute schon auf die Umsetzung dieser Strategie freue, unterbrach ihn der Vorsitzende mit einem knappen »Das entscheiden wir! Und im Übrigen: Bleiben Sie sachlich!«

Die grauen Männer nickten. Der junge Mann zuckte zusammen und blieb »sachlich«. Er begriff schnell, dass hier Emotionen gefährlich sein konnten, und unterwarf sich dem vorherrschenden Kommunikationsritual. Die restliche Präsentation war todlangweilig.

Menschen haben nicht nur ihre eigenen Ideen und Vorstellungen. Sie haben auch ihre eigenen Gefühle. Darum sind Meinungsverschiedenheiten normal. Normal ist auch, dass sie mit Emotionen verbunden sind, die immer nach außen drängen und sich durch Gesten, Mimik, Körperhaltung, Tonfall der Stimme und vor allem durch Worte ausdrücken wollen. Begeisterung kann deshalb nie »sachlich« sein.

» Begeisterung und Leidenschaft für eine Sache können nie ›sachlich‹ sein «

Freude erhöht den Puls. Leidenschaft lässt alle Sinne vibrieren. Kummer und Sorgen ersticken die Stimme und brechen das Herz. Gefühle sind der Antrieb unserer Ausdrucksweise. Sie prägen unsere Persönlichkeit und den Stil, wie wir nach außen auftreten. Wer sein Gefühl unterdrückt, vergewaltigt deshalb die Ausdrucksmöglichkeiten seiner Persönlichkeit.

Es geht natürlich nicht darum, heute jedes Gefühl unkontrolliert von sich zu geben. Zum erwachsenen Menschen gehört auch, dass er eine gewisse Kontrolle über seine Gefühle erworben hat. Aber es ist Teil unserer Lebendigkeit, leidenschaftlich zu argumentieren. Wie sollen wir sachlich bleiben, wenn wir erfüllt sind von Freude, Trauer, Ärger oder Begeisterung? Stellen Sie sich vor, Sie hätten im Lotto über eine Million Euro gewonnen und würden Ihrem besten Freund ganz sachlich, mit monotoner Stimme und ohne jede Gefühlsregung, dieses Glück mitteilen. Er würde Ihnen nicht glauben, oder Ihnen einen Arzt empfehlen.

Meinungsverschiedenheiten gehören zum lebendigen Ausdruck einer alltäglichen Konversation zwischen am Leben interessierten Menschen. Jeder Mensch ist die Summe seiner Vorstellungen und Gefühle. Im täglichen Leben nehmen wir automatisch einen Standpunkt ein (z. B. A) und betrachten die Dinge aus unserem Gesichtsfeld. Dieses Gesichtsfeld ist das, was wir zu sehen vermögen und was mit unseren Bewertungen zur »Meinung« wird. Unser Gegenüber betrachtet dieselbe Thematik aus seinem Gesichtsfeld. Er sieht und empfindet den größeren Teil anders als wir. Gemeinsam ist nur eine kleine Schnittfläche. Dieses gemeinsame Feld bildet den Boden der Verständigung. Diese Übereinstimmung ist der Ausgangspunkt für A, die Welt des B zu entdecken, und umgekehrt. Meinungsverschiedenheiten sind so gesehen Chancen, den eigenen Horizont zu erweitern.

Für reife, innerlich gefestigte Menschen sind Meinungsverschiedenheiten interessante Impulse und Anregungen, den eigenen Standpunkt zu überdenken und zu verändern.

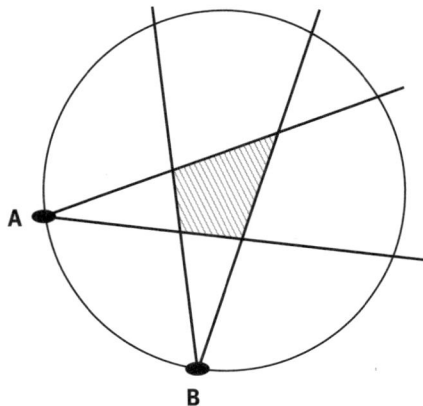

Abb. 2 Die schraffierte Fläche zeigt den Teil der Übereinstimmung zwischen A und B; die weiße Fläche illustriert den Raum, der von A beziehungsweise B nicht oder unterschiedlich wahrgenommen wird und daher zu einer anderen Sicht der Dinge führt

Stellen Sie sich vor, Sie müssten einen Menschen ertragen, der immer genau dasselbe empfindet und denkt wie Sie. Sie würden wahrscheinlich vor Langeweile umkommen ...

Dasselbe gilt auch für Freunde. Wer ist Ihnen lieber? Ein Freund, der seinen Mund aufmacht und sagt, was er denkt, auch wenn es unbequem ist? Oder der taktierende Gefälligkeitsmensch, der seine Meinung zurückhält und nichts sagt, solange er nicht gefragt wird?

Sicher werden Sie den Freund, der seine Meinung frank und frei heraus sagt, mehr schätzen – selbst wenn es manchmal sehr lästig, ja schmerzlich sein kann. Als starke Persönlichkeit freuen Sie sich über die Offenheit und Unbekümmertheit seiner Gedanken und Ansichten, weil Sie sich nicht bedroht fühlen und Ihr Freund Ihnen auch nicht sein

Lebenskonzept aufzwingen will. Der »Diplomat« hingegen ist mit seinem angepassten und öligen Gerede schwer einzuschätzen, und Sie befürchten, sein vorsichtiges Verhalten könnte Taktik sein.

»Meinungsverschiedenheit ist – im Gegensatz zum Konflikt – auch Meinungsfreiheit«

Im Gegensatz zu Konflikten sind Meinungsverschiedenheiten frei von Energien, die mit existenziellen Ängsten verbunden sind. Da Meinungsverschiedenheiten keine Befürchtungen generieren, sind sie das, was sie letztlich sind: ein interessantes, angstfreies Aufzeigen der eigenen und fremden Wahrnehmung und Bewertung.

Konflikte sind Chancen

Konflikte müssen nicht zwingend zerstörerisch sein. Sie können auch sehr heilsame Veränderungsprozesse auslösen. Wie sich ein Zündholz erst entflammt, wenn es über eine Reibfläche gezogen wird, so sind viele Veränderungen erst nach Konflikten möglich. Konflikte werden dann zu Chancen, wenn sie aufräumen mit Illusionen und Lügengebäude zum Einsturz bringen, wenn sie schwelende Probleme zu Lösungen zwingen und wenn sie dem sprichwörtlichen Schrecken ein Ende bereiten. Sie machen den Weg frei für neue, kreative Lösungen und sind oft der erste Schritt in Richtung Aufbruch zu neuen Horizonten.

Konflikte sind Chancen, um ...

... Selbsterkenntnis zu gewinnen

Eine der größten Chancen, die Konflikten innewohnt, ist die Chance, zu wirklicher (Selbst-)Erkenntnis zu gelangen. Hand aufs Herz: Wann haben wir in unserem bisherigen Leben wirklich etwas gelernt? In unserem Leben etwas fundamental verändert?

C.G. Jung, der große Schweizer Psychologe, schreibt in seinem Buch »Vom Werden der Persönlichkeit«: »Niemand entwickelt seine Persönlichkeit, weil ihm jemand gesagt hat, es wäre nützlich oder ratsam, es zu tun. Die Natur hat sich durch wohlmeinende Ratschläge noch nie beeindrucken lassen. Nur kausal wirkender Zwang bewegt die Natur, auch die menschliche. Ohne Not verändert sich nichts, am wenigsten die menschliche Persönlichkeit. Sie ist ungeheuer konservativ, um nicht zu sagen inert (=unbeweglich, statisch, erstarrt).«

Im Klartext heißt dies, dass wir zwar wüssten, was wir ändern sollten, Vorsätze fassen, aber die wenigsten wirklich einhalten. Erst wenn das Schicksal uns mächtig prügelt, beginnen wir zu lernen und uns zu verändern. Wie es scheint, lernen wir nicht durch Einsicht, sondern erst, wenn es schmerzt. Viele Schicksalsschläge sind eingebettet in Konflikte. Sich von einem Partner, einer Partnerin zu trennen oder akzeptieren zu müssen, dass ein anderer, eine andere unseren Platz einnimmt, sind Situationen, die einen normalen Menschen erschüttern und ihn über sich und sein Verhalten grundlegend nachdenken lassen.

Es kann sehr wohl sein, dass wir Bewertungen folgen, die uns nicht guttun, indem sie uns immer wieder in dieselben Fallen locken. Das Gute an einem Konflikt ist dann, uns die ungeschminkte Wahrheit als Spiegel vorzuhalten. Der Konflikt wird zum Lernprozess. Im ersten Moment wehren wir uns dagegen, unsere Bewertungen loszulassen. Erst durch großen und schmerzlichen Druck geben wir den Widerstand gegen die neue Erkenntnis auf und akzeptieren die Tatsachen.

»Aus Konflikten lernen bedeutet, sich selbst zu verändern«

Ist der Druck nicht groß genug, bleiben wir im Konflikt stecken. Wir tun alles, damit »es wieder gut wird«. Wir kämpfen verzweifelt darum, unseren Partner, unsere Partnerin nicht zu verlieren – und meinen damit, unsere Vorstellungen über unsere Beziehung und vor allem über uns selbst nicht ändern zu müssen. Wenn wir Konflikte als persönlichen Lernprozess verstehen, gelingt es uns leichter, unsere Ängste zu überwinden. Erst die Selbsterkenntnis erlöst uns davon, die gleichen Fehler und damit die gleichen Konflikte immer wieder durchleben zu müssen.

... Probleme aufzudecken

Aktuelle Konflikte bieten oft eine gute Gelegenheit, die wahre Ursache von immer wiederkehrenden Auseinandersetzungen aufzudecken und damit diese einer Lösung zuzuführen.

Alberto gehört als Vorarbeiter seit über zehn Jahren zu einer Fertigungsgruppe in einem Maschinenbauunternehmen. Er gilt als friedfertig und still. Er ist ein etwas eigenbrötlerischer Mensch, der bis dahin nie Probleme gemacht hat und auch nie besonders aufgefallen ist.

Während des Umrüstens einer Maschine gab er nun seinem Arbeitskollegen mit einem Eisenteil eins über den Arm, sodass dieser anschließend verarztet werden musste. Der Kollege soll ihn »süditalienischen Mafioso« genannt haben, gab Alberto zu Protokoll, was dieser heftig bestritt. Alberto erhielt eine schriftliche Abmahnung, und nur dank seiner dreizehn unbescholtenen Arbeitsjahre wurde er nicht fristlos entlassen. Niemand konnte diese übertriebene Reaktion verstehen.

Auch der Verantwortliche für das Personal nicht, und er ließ deshalb Alberto kommen. Ihn interessierte nicht, was vorgefallen war, sondern warum es soweit kommen konnte. Was aus Alberto und den nachfolgenden Untersuchungen zuerst bruchstückhaft und dann immer klarer zutage trat, war kein schönes Bild.

Der neue Gruppenchef konnte Alberto nicht leiden und inszenierte ein regelrechtes Mobbing: Die schmutzigsten

Arbeiten musste regelmäßig Alberto übernehmen. Man verspottete ihn als »spaghettifressenden Süditaliener«. Fehler, die offensichtlich nicht von ihm sein konnten, wurden ihm in die Schuhe geschoben, und er erlitt dadurch Einbußen bei Prämienauszahlungen für die Arbeitsgruppe.

Im Schutz des Gruppenchefs tat sich ein Mitarbeiter hervor, der ihn besonders schikanierte. In letzter Zeit fehlten zudem Werkzeuge und wertvolle Teile. Dieser Mitarbeiter hatte ihm den Diebstahl unterstellt und ihn als »Mafioso« bezeichnet. Da schlug er zu.

Der Fall löste sich nach kurzer Zeit: Alberto erhielt einen Arbeitsplatz in einer anderen Produktionsabteilung. Der Gruppenleiter wurde bald darauf entlassen.

»Es ist wichtig festzustellen, was vorgefallen ist; es ist aber noch wichtiger herauszufinden, warum etwas geschehen ist«

Bei Streitereien mag es sich *vordergründig* um einen klaren und einfachen Grund drehen. Die Gefahr, schnell zu urteilen und damit ungerecht zu sein, ist groß. Stellen Sie sich vor, niemand hätte sich für die Hintergründe im Fall Alberto interessiert. Das Mobbing wäre erst recht weitergegangen und hätte Wirkung gezeigt. Alberto hätte resigniert und verbittert das Unternehmen verlassen und sich mit dem Ruf eines aggressiven Schlägers auf Stellensuche begeben. Welch schlechte Voraussetzung für eine gute, neue Anstellung!

Nehmen Sie die Gelegenheiten wahr, die sich im Alltag bieten, um der Frage nach dem Motiv oder der Ursache eines für Sie unverständlichen Verhaltens nachzugehen.

Wenn zum Beispiel ein anderer Autofahrer mit hoher Geschwindigkeit ganz nahe an Ihre Stoßstange heranfährt und ungeduldig aufs Überholen drängt, dann denken Sie an die Geschichte von Alberto. Anstatt sich zu ärgern und die Hände zu verwerfen, stellen Sie Vermutungen an, was den anderen zu seiner Eile treiben könnte. Vielleicht ist er zu einer wichtigen Besprechung unterwegs und verspätet, sodass er befürchtet, den Auftrag zu verlieren. Vielleicht muss er dringend nach Hause, weil sein Kind erkrankt ist. Vielleicht ist er von seinem Vorgesetzten gerüffelt worden und reagiert jetzt seine Frustration ab. Was immer es auch sein mag, mit *Ihnen* hat es nichts zu tun. Also könnten Sie ihn bei der nächstmöglichen Gelegenheit mit einem Lächeln passieren lassen und ihm eine gute Fahrt wünschen. Wie gesagt: könnten, wenn Sie sich nicht unglücklicherweise über sein gefährliches Aufschließen ärgern würden.

... neue, kreative Lösungen zu finden und echte, positive Veränderungen zu bewirken

Kennen Sie auch Paare, bei denen sich eine Seite von ihrem Partner, ihrer Partnerin »seit x Jahren schon« endlich eine Verhaltensänderung wünscht, es ihm oder ihr auch »immer wieder« sagt, doch die/der andere macht »es« einfach nicht? Die ständigen Wiederholungen stumpfen ab und bringen keine Lösung. Sind Gewohnheiten einmal eingefahren, dann sind sie sehr schwer zu verändern. Bestimmt nicht mit Vorwürfen. Auch Drohungen helfen nicht wirklich. Sie bewirken vielleicht kurzfristig eine Besserung, aber es dauert nicht allzu lange, und alles ist wieder beim Alten.

Kreative, überraschende Vorschläge können zu raschen und positiven Veränderungen führen. In diesem Sinne hat

Milton H. Erickson, ein für seine ungewöhnlichen Methoden berühmter amerikanischer Psychologe, seine Therapien aufgebaut. Die Basis seiner Theorie ist einfach: Durch schöpferische, neue Impulse können die vorgespurten Bahnen unseres bisherigen Denkens und Tuns unser Bewertungssystem mit den damit verbundenen Gefühlen verlassen und neu angelegt werden.

»Kreative, überraschende Vorschläge können in kurzer Zeit zu positiven Veränderungen führen«

Erickson erzählt folgende Geschichte: »Zwei Eheleute kommen zu mir und sagen mir: ›Wir lieben uns, wir haben Spaß am Sex. Aber jeden Abend, wenn wir versuchen einzuschlafen, fangen wir an zu streiten.‹ Ich frage sie, wie sie streiten und wo genau sie liegen. Sie erzählen mir ausführlich ihre Geschichte. Ich sage ihnen: ›Ihr habt also beide als Kinder die Gewohnheit entwickelt, auf der rechten Seite des Betts zu schlafen oder auf der linken – darum streitet ihr euch, wenn ihr ins Bett geht und einschlafen wollt. Ihr liegt auf der falschen Seite im Bett. Wechselt eure Bettseite!‹«

Hilfreiche Ideen können ganz einfach sein, wie dieses Beispiel zeigt, aber sie sollten etwas Ungewöhnliches beinhalten oder einen Überraschungseffekt auslösen. Anstatt jemanden zu zwingen, etwas *nicht* zu tun, werden mit diesem Ansatz Impulse gesetzt, es ganz *anders* zu tun. Kreative Ideen sind wie Münchhausens Zopf, an dem wir uns selbst aus dem Streitsumpf herausziehen können.

... das Zusammengehörigkeitsgefühl zu festigen

Zu den wertvollsten Chancen, die ein echter Konflikt in sich birgt, gehört die Stärkung des Zusammengehörigkeitsgefühls. Es mag erstaunlich klingen, aber ein gut gelöster Konflikt verbindet. Wie ein heftiges Gewitter den Himmel reinigt, die dunklen Wolken vertreibt und selbst die Regentropfen auf den Blättern funkeln lässt, so schafft ein durchgestandener und zum Positiven gewendeter Konflikt eine neue, bereinigte Basis des Vertrauens und des Gesprächs – im Gegensatz zum faulen Kompromiss, der letztlich für beide Teile eher den Charakter eines Waffenstillstands denn einer Lösung hat.

Wie aus einem Konflikt eine Chance für die Beziehung erwuchs, erlebten Bernd und Gabriela. Für Gabriela war die Ankündigung des Gerichtsvollziehers ein gewaltiger Schock. Das Haus musste verkauft werden, um die Schulden bezahlen zu können. Seit Jahren stritt sie sich mit ihrem Mann über die finanziellen Belange, und nun der absolute Tiefpunkt! Sie mussten in eine kleine, billige Wohnung ziehen. Später erzählte sie:

»Damals, in dieser schwierigen Zeit, haben wir uns gestritten. Ich habe ihm Vorwürfe gemacht, geweint, getobt, mit Scheidung gedroht! Heute bin ich froh um diesen Neuanfang. Wir haben in Geldsachen eine gute Lösung gefunden. Bernd spielt jetzt mit offenen Karten. Er hat aufgehört, mir etwas vorzumachen. Und ich weiß nun, was ich zur Verfügung habe, und richte mich darauf ein. Durch den Konflikt haben wir gelernt, ehrlich zueinander zu sein. Wir leben heute bescheidener, dafür wissen wir, was wir uns leisten

können und was nicht. Wir reden heute miteinander und
gehen Probleme gemeinsam an. Das war vorher nicht so.«

Konstruktiv gelöste Konflikte schaffen zwischen den Partnern neues Vertrauen, weil im Stahlbad der Auseinandersetzung für Halbheiten und Unehrlichkeiten kein Platz mehr ist.

Das Geheimnis
einer »positiven Streitkultur«

Der englische Schauspieler Richard Burton war gefürchtet für sein hitziges Temperament. Legendär sind seine Ehekriege und wunderbaren Versöhnungen mit Liz Taylor. Zweimal waren sie verheiratet, und zweimal ließen sie sich mit viel Getöse wieder scheiden. Er brauchte den Konflikt, um sich danach umso inniger wieder versöhnen zu können. Liz Taylor machte dieses Spiel nicht nur mit, sie pflegte es auch nach seinem Tod weiter. Bis zu ihrem Ableben 2011 soll sie es auf acht Ehemänner gebracht haben.

Auch weniger illustre Paare kennen den unschönen Zustand des Kalten Krieges in der Beziehung. Ein latentes Spannungsfeld hält Zank und Disharmonie am Leben. Mal laut, mal leise zieht sich ein endloser Streit dahin. Der Grund liegt darin, dass diese Menschen »... niemals gelernt haben, mit den Augen des anderen zu sehen, mit den Ohren des anderen zu hören und mit dem Herzen des anderen zu fühlen« (Alfred Adler).

Dabei ist ein Streit das konkrete, handfeste Zeichen einer Differenz in den Bewertungen und ein Signal für Ängste, die gemeinsam aufgelöst werden sollten. Ein produktiv geführter Streit bringt eine Beziehung weiter. Sie bleibt lebendig. Wer nicht streitet, dessen Beziehung stirbt einen langsamen Tod. Darum sind Konflikte, die konstruktiv ausgetragen werden, mehr als nur das Salz in der Suppe; sie sind das Ferment für die Verjüngung und Wandlung einer Partnerschaft.

Leider gibt es wenige Partnerschaften, die mit Streit »positiv« umgehen können. In vielen Beziehungen entwickeln sich im Laufe der Zeit Probleme, die nicht gelöst, sondern verdrängt werden. Die Sehnsucht nach Harmonie verführt dazu, Konflikte unter den Teppich zu kehren, und verhindert damit eine konstruktive Streitkultur.

Mit Herz und Verstand zu streiten, führt zu offenen Gesprächen, die auch Unangenehmes beinhalten und temperamentvoll sein können. Dadurch stauen sich keine Konflikte auf, nichts wird kaschiert, verdrängt und geschluckt. Alles bleibt vital, dynamisch und fördert gegenseitiges Verstehen und damit die Achtung vor dem anderen – und vor sich selbst!

» Konflikte, die konstruktiv ausgetragen werden, sind für eine Beziehung ein Lebenselixier «

Ich habe das Glück, mit Rolf und Greth befreundet zu sein, ein Paar, das es seit über dreißig Jahren fertigbringt, konstruktiv miteinander zu streiten. Sie haben mir ihr Geheimnis verraten, und ich darf es weitergeben. Hier die Quintessenz ihrer positiven Streitkultur:

Zusammengehörigkeit: Sie stellen ihre Zusammengehörigkeit, auch im Streit, nicht infrage und hegen damit nicht den zerstörerischen Gedanken, dass es mit einem anderen Partner, einer anderen Partnerin »besser« wäre.

Vertrauen: Sie vertrauen einander, weil sie offen über alles reden und sich nicht belügen. Darum wissen sie, dass einer dem anderen nicht wirklich schaden möchte. Sie unterstellen darum dem anderen grundsätzlich nie eine böse Absicht – was immer auch geschieht. Damit bleiben sie immer für ein klärendes Gespräch offen.

Humor: Sie verfügen über eine große Portion Humor und legen damit nicht alles, was gesagt und getan wird, auf die Goldwaage. Anstatt sich in den Äußerungen des anderen zu verbeißen, können sie darüber lachen. Miteinander lachen ist ihre bewährte Streitmedizin.

Entschuldigung: Sie sind bereit, sich zu entschuldigen, wenn sie den Bogen überspannt haben. Und sie sind bereit, auch die Entschuldigung des andern anzunehmen.

Das Wichtigste: Sie können ihrem **Frust oder ihrer Wut auch mal freien Lauf lassen.** Denn es gibt ...

Keine Machtspiele: Sie verzichten auf Machtspiele, weil sie sich respektieren, die Eigenarten des anderen akzeptieren und sich in ihren Lebenskonzepten abgestimmt haben – oder einfacher gesagt: weil sie sich lieben.

Keine Herabsetzung: Sie halten sich an die Regel, den Partner nie zu erniedrigen oder zu verspotten. Sie wissen, dass aus Erniedrigungen und Beleidigungen nur Hass entsteht, der auf Rache sinnt. Hass zerstört jede Beziehung und Partnerschaft – und das ist das letzte, was Greth und Rolf zulassen würden.

Keine Giftpfeile: Sie sind auch in hitzigen Diskussionen ihrer Sinne mächtig und lassen sich deshalb nicht zu Äußerungen hinreißen, die sie später bereuen müssten. Es mag einem selbst im Moment guttun, dem Gegenüber verbal einen K.-O.-Schlag zu versetzen. Aber der Partner, die Partnerin wird wieder aus dem Koma erwachen und sich an den ihm/ihr zugefügten Schlag erinnern. Schon im alten Griechenland galt die Erkenntnis: Keine sieben Pferde bringen ein unbedachtes Wort wieder zurück! Greth und Rolf beißen sich darum lieber die Zunge ab.

Keine Geheimnisse: Sie tun nicht so, als ob alles in Ordnung wäre, sondern sie teilen ihrem Partner offen und ehrlich mit, was sie stört oder ärgert. Da sie aus ihren Bedürfnissen, Ansichten und Gefühlen keine Geheimnisse machen, ist jeder für den anderen berechenbar. Da weiß jeder, was den anderen stört und was er mag, und kann sich darauf partnerschaftlich einstellen.

Rolf und Greth sind keine Übermenschen. Sie haben einfach begriffen, dass sich echte Harmonie und Lebensfreude mit diesem Konzept eher wieder einstellen, als wenn sie über ihren Partner siegen wollen oder – um den vermeintlichen Frieden nicht zu stören – Konflikte unter den Teppich kehren. Beide lieben die Harmonie in der Beziehung, wie alle normalen Menschen. Darum können sie nach einem Streit auch wieder zum Alltag zurückkehren. Der Haussegen hängt nicht tagelang schief, und es gibt keine verdeckten Vorwürfe und Nadelstiche bei jeder sich bietenden Gelegenheit.

Die fünf Kriterien eines »positiven« Konfliktgesprächs

Leider ist in vielen Beziehungen der verdeckte Konflikt der Normalzustand. Wie bei einem Vulkan zeigen zwar kleine Beben und Rauchzeichen an, dass es im Innern brodelt und dampft. Kurze Eruptionen in Form von Kritik wie zum Beispiel: »Wie kannst du nur!«, oder: »Wenn du nur nicht immer …«, oder Beschuldigungen wie: »Nur wegen dir …«, sind Ausdruck einer tief sitzenden Frustration, die sich über Jahre in Form eines Kleinkriegs auslebt und in vielen Beziehungen die alltägliche Streitkultur darstellt.

Ein Konfliktgespräch ist erst dann »positiv«, wenn es die fünf nachfolgenden Kriterien erfüllt:

1. **Klärung:** Durch das Konfliktgespräch ist die Situation geklärt.
2. **Verständnis:** Alle Beteiligten kennen nicht nur die Bewertungskriterien der anderen, sondern bringen auch gegenseitig Verständnis für die Bewertungskriterien auf.
3. **Sicherheit:** Die Ängste und Befürchtungen aller am Konflikt Beteiligten sind aufgelöst.
4. **Lösung:** Schaffung einer für alle annehmbaren Lösung.
5. **Schlusspunkt:** Hinter den Konflikt einen Schlußpunkt setzen, sodass er wirklich beendet ist und nicht unterschwellig weiterköcheln kann.

Wenn Sie in Ihrer – geschäftlichen oder privaten – Partnerschaft Konflikte mit dem Ziel der Klärung, des besseren Verständnisses füreinander sowie des Abbaus von Befürchtungen angehen, dann dürfen Sie es auch mal krachen lassen. Wie bei einer Operation ist es oft besser, konsequent und schnell »bis aufs gesunde Fleisch« zu schneiden. Es erhöht die Heilungschancen.

»Positive Konfliktgespräche sind nichts für Harmoniebedürftige; sie verlangen Konsequenz in der Klärung, Ehrlichkeit in den Aussagen und Standfestigkeit bei der Suche nach der richtigen Lösung«

Nichts zerstört eine Beziehung nachhaltiger als schwelende Konflikte, die sich in Sticheleien, indirekter Kritik, despektierlichen Bemerkungen, Spott oder zynischen Bemerkungen äußern. Negative Kommentare wie das ironisch gemeinte »Ist ja toll, wie du das wieder hingekriegt hast!« oder »Ich weiß nicht, warum ich von solchen Idioten umgeben bin!« oder »Was redest du für einen ausgekochten Schwachsinn!« kommen uns (leider!) leicht über die Lippen. Die Angesprochenen aber werden in ihrem Selbstwertgefühl und damit in ihrem Wesenskern verletzt. Wer auf solche Herabsetzungen nicht reagiert, sondern alles einsteckt, verliert nicht nur den Respekt des Kritikers, er wertet auch sich selbst ab. In der Folge macht man sich damit krank – oder rettet sich und den letzten Rest an Stolz und steigt aus der Beziehung aus. Wir alle sehnen uns nach Harmonie, und wir alle wünschen uns Beziehungen, die glücklich verlaufen. Darum sollten wir den Mut aufbringen, die Ursache des Konflikts zur Sprache zu bringen. Wer eine harmonische Partnerschaft will, muss auch streiten können. Es nützt nichts, so zu tun, als ob sich alles konfliktfrei lösen ließe. Das ist eine Illusion. Wo Nähe ist – und das ist ja die Voraussetzung für eine echte Beziehung –, entsteht auch Reibung. Diese aktiv zu lösen, stärkt das Miteinander und festigt das Zusammengehörigkeitsgefühl.

»Wer eine harmonische Partnerschaft will, muss auch streiten können«

Wer nachgibt und nicht wagt, seine Bedürfnisse, Meinungen und Wünsche anzumelden, schafft vielleicht nach außen den Eindruck von Harmonie und Übereinstimmung. Im Innern aber baut sich eine Spannung auf, die irgendwann explosionsartig ausbricht. Sie macht krank und zerstört. Sachbezogen, konkret und fair zu streiten, stärkt darum die eigene Psyche und hält unseren Körper gesund.

Wie konfliktfähig bin ich? – Wie Sie Ihre persönliche Konfliktfähigkeit verbessern können

Ein indischer Guru begann seinen Workshop mit folgenden Worten: »Ich habe eine gute und eine schlechte Nachricht für euch. Lasst mich mit der schlechten beginnen: Ihr werdet als egoistische, streitsüchtige und unsoziale Wesen geboren. Das ist die schlechte Nachricht. Und nun die gute: Ihr habt ein ganzes Leben lang Zeit, daran zu arbeiten!«

Wie wahr – und wie schwierig! Nicht dass es an Verhaltensregeln, Geboten, Hinweisen und klugen Sprüchen mangelte. Unsere Erziehung ist bereits der erste Versuch, uns zu gemeinschaftsfähigen, friedlichen Menschen heranzubilden.

Die Botschaften des friedlichen Miteinanders sind uns immer wieder verkündet worden. Angefangen mit den Zehn Geboten (»Du sollst nicht …!«) über den Kantschen Imperativ, der zum volkstümlichen Sprichwort »Was du nicht willst, das man dir tu', das füg auch keinem andern zu!« mutierte, bis zum »Make love – not war!« der Flower-Power-Bewegung.

Würden wir alle diese Lebensweisheiten beherzigen, so wären wir verträgliche, harmoniestiftende und konfliktfähige, irdische Engel. Leider haben sich bei uns im Laufe des Lebens aber auch ein paar Erfahrungen eingekerbt, die unsere egomanische Veranlagung verstärken. Auch dafür können wir leicht ein paar praktische Merksätze aufsagen: »Jeder ist sich selbst der Nächste«, »Vertrauen ist gut – Kontrolle ist besser« oder »Das Hemd ist mir näher als die Jacke«. Wir haben schmerzlich begriffen, dass es auf die Frage, wofür sich der Mensch in erster Linie, in zweiter Linie, in dritter Linie interessiert, immer nur eine richtige Antwort gibt: für sich selbst!

Wir wissen, wie wir fair, partnerschaftlich und konfliktfähig sein könnten, aber wir handeln nicht so. Wissen hin oder her, die Emotionen siegen letztlich (fast) immer.

Es ist daher sinnvoll, die Basis unseres sozialen Verhaltens zu prüfen. Wo stehe ich mit meinem mitmenschlichen Verhalten? Wo bin ich sozial verträglich und wo nicht? Und als nächsten Schritt: Wie trage ich Konflikte aus, und wie kann ich meine persönliche Konfliktfähigkeit verbessern?

Die eigenen Befürchtungen erkennen

Wir reden nicht gern über unsere Ängste, weil wir im Innersten fürchten, sie dadurch erst zu wecken und von ihnen ergriffen zu werden. Tatsächlich haben wir nicht Ängste und Befürchtungen – sondern die Ängste haben uns! Sie sind einfach da, ungefragt tauchen sie aus dem Dunkel unserer Seele auf. Sie sind es, die den Konflikt zum emotionalen Ereignis machen. Sie lassen uns aggressiv werden oder den Schwanz einziehen. Sie machen letztlich aus dem Konflikt ein Drama.

Genauso individuell wie das Bewertungsmuster, das jeder Mensch im Laufe seines Lebens ausbildet, sind die Befürchtungsenergien gestrickt. Darum bleibt bei der exakt gleichen Situation der eine gelassen, während der andere explodiert.

Die fünf Schlüsselfähigkeiten **Empathie, Beziehungsfähigkeit, Kommunikation, Kooperation** und **Selbstwertgefühl** können aber nur dann positiv zum Tragen kommen, wenn die Angst nicht die Seele anfrisst und damit alle Vernunft, Gelassenheit und Übersicht ausschaltet.

Die Befürchtungen manifestieren sich wie die meisten starken Gefühle diffus und mehrdeutig. Von Ängsten erfüllt, fällt es uns sehr schwer, unsere Gefühle zu analysieren, weil in diesem Moment nicht der Intellekt die Führung übernimmt, sondern der Bauch – für eine kluge Konfliktlösung nicht gerade eine ideale Voraussetzung.

»Ängste, die wir kennen, sind halbe Ängste«

Es ist nicht möglich, die eigenen Befürchtungen jemals völlig »in den Griff« zu bekommen. Aber wir können lernen, sie zu entdecken, um zu wissen, was uns antreibt. Bereits das klare, bewusste Erkennen, warum wir aufgebracht, wütend sind oder bleich und gelähmt, reduziert die Mächtigkeit der Angst. Erinnern Sie sich noch, wie die Angst vor Knecht Ruprecht verflog, als Sie hinter dem wallenden Bart ein bekanntes Gesicht identifizierten? Deshalb ist es wichtig, die wahre Ursache unserer Befürchtungen zu erfassen. Die Angst verliert dann ihren Schrecken, unsere Hirnzellen beginnen wieder zu arbeiten – wenigstens teilweise.

Im folgenden Abschnitt können Sie lernen, wie man die eigenen Befürchtungen aufdeckt. Ich schlage Ihnen dazu folgende kurze Übung vor:

―――――――――――――― **ÜBUNG** ――――――――――――――

Schreiben Sie auf einem Blatt Papier auf, womit man Sie wirklich wütend machen kann oder was Sie zutiefst ablehnen. Vielleicht haben Sie aus Ihrem aktuellen Erleben ein passendes Beispiel. Wenn nicht, kann Ihnen folgender Satz hilfreich sein, den Sie mit dem passenden Ausdruck ergänzen: »Ich lehne Menschen ab, die ... (z. B. betrügen, lügen, stehlen, Verräter sind usw.)«

Wenn Sie jetzt etwas Grundsätzliches hingeschrieben haben, das Sie wirklich in Rage versetzen kann, dann bitte ich Sie, sich Folgendes zu fragen:

»Warum genau lehne ich ... ab? Was genau befürchte ich, wenn Menschen das tun?«

Nehmen Sie bitte nicht die erstbeste Antwort. Die Wahrheit ist selten vordergründig. Sie ist wie eine Zwiebel in Schichten angelegt. Mit jeder Schicht, die Sie freilegen, kommen Sie dem wahren Kern Ihrer Befürchtungen näher.

Der 28-jährige Sohn meines Freundes Oskar ist vor drei Monaten von einer langen Weltreise nach Hause zurückgekehrt und wohnt, da er keinen Cent mehr hat, bei den Eltern. Es eilt ihm gar nicht, wieder einen Job zu finden und Geld für eine eigene Wohnung zu verdienen. »Er surft stundenlang im Internet und frisst den Eisschrank leer«, polterte Oskar, »als wenn alles umsonst wäre! Und ich Vater finanziere das Hotel Mama!« Natürlich verteidigt die Mutter ihren Sohn und zählt auf, warum er in letzter Zeit gar nicht am PC sitzen konnte und was er nicht gegessen hat.

Auf meine Frage, was er denn befürchte, antwortete Oskar: »... dass er mein Geld verbraucht!« Das war seine vordergründige Befürchtung, die er auch hatte. Auf meine ergänzende Frage: »Was genau befürchtest du denn?«, hielt er einen Moment inne, dann sagte er nachdenklich: »Ich habe Angst, dass er keine anständige Stelle findet. Es ist sehr schwierig geworden. Er ist so mutlos und frustriert. Ich befürchte, er fällt in ein Loch – dann wird alles noch schwerer für ihn!« Damit war klar, dass Oskar befürchtete, sein Sohn könnte den Anschluss verpassen und damit seine berufliche Laufbahn gefährden, im schlimmsten Fall arbeitslos bleiben.

Es ist lohnenswert, sich selbst und die eigenen Befürchtungen zu beobachten. Sie verbessern damit Ihr Wahrnehmungsvermögen. Sie lernen sich und Ihre Gefühle besser kennen, und Sie werden Ihre Gelassenheit stärken. Der tägliche Straßenverkehr ist ein ausgezeichnetes Trainingsfeld. Sollten Sie sich wieder einmal über gewisse Automobilisten ärgern, die zu schnell, zu langsam, auf der falschen Seite oder sonstwie fahren, dann ist das eine großartige Gelegenheit, darüber nachzudenken, welche Ängste diese Situation in Ihnen ausgelöst hat.

Wenn Sie den tieferen Grund Ihrer Befürchtungen erkannt haben, dann überlegen Sie sich bitte, wie Ihre Reaktion ausgefallen ist. Es könnte sein, dass Sie sich ein bisschen über sich selbst wundern. Nehmen Sie alle Gelegenheiten wahr, bei denen Sie sich ärgern, und fragen Sie sich jedes Mal: »Was genau befürchte ich jetzt?« Es stärkt Ihre Persönlichkeit und fördert die Entfaltung Ihrer Schlüsselfähigkeiten.

Die fünf Dimensionen unserer Konfliktfähigkeit

Untersuchungen haben gezeigt, dass Menschen, die über gewisse Schlüsselfähigkeiten verfügen, besser und konstruktiver mit Konflikten und Streitsituationen umgehen können als diejenigen, die in einer dieser Eigenschaften ein echtes Manko haben. Die Voraussetzung, um Konflikte aufbauender, schöpferischer und nachhaltiger zu lösen, sind das Erkennen der Ängste und Befürchtungen sowie die Entwicklung der fünf Schlüsselfähigkeiten **Empathie, Beziehungsfähigkeit** (Teamfähigkeit), **Kommunikation, Kooperation** und **Selbstwertgefühl** (Selbstwahrnehmung).

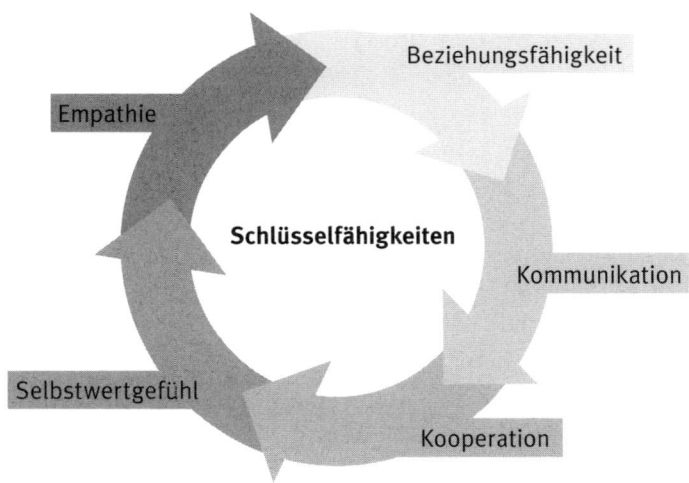

Abb. 3 Die fünf Schlüsselfähigkeiten

Die erste Schlüsselfähigkeit: Empathie

Es gehört zu den schönsten Momenten in einer Beziehung, wenn beide spüren, dass sie sich verstehen, ohne dauernd erklären zu müssen, wieso was getan oder gesagt worden ist. Dieses nonverbale Verstehen wird in der Fachsprache »Empathie« genannt.

Empathie ist die Fähigkeit, sich in das Denken und Fühlen anderer Menschen hineinzuversetzen und deren Denken und Fühlen nachzuvollziehen, an ihren Freuden und Sorgen teilzuhaben. Menschen mit großer Empathie sind bereit, anderen zu helfen und für sie auch Verantwortung zu übernehmen.

<hr>

KURZTEST

Mit den nachstehenden Fragen können Sie prüfen, wie ausgeprägt Ihre Empathie entwickelt ist.

- Denken Sie an jemanden, dem Sie nahestehen und den Sie gern haben. Wer ist es?
- Warum schätzen Sie diese Person besonders? Können Sie zehn positive Merkmale dieser Person aufzählen?
- Was glauben Sie, ist für diese Person zurzeit besonders wichtig?
- Worüber kann sich diese Person besonders ärgern? Wissen Sie, warum?
- Was macht diese Person traurig und betroffen?
- Welche Erlebnisse aus der Vergangenheit haben diese Person geprägt? In welcher Weise?
- Womit könnten Sie dieser Person eine besondere Freude bereiten?
- Wie glauben Sie, schätzt diese Person Sie ein?
- Welche Werte (z.B. Treue, Zuverlässigkeit usw.) sind dieser Person besonders wichtig?
- Welches sind die größten Träume, die sich diese Person erfüllen möchte (z.B. mit dem Geld aus einem großen Lottogewinn)?

<hr>

Wenn Sie auf alle Fragen eine echte Antwort und nicht nur eine vage Vermutung geben konnten, dann darf man Ihnen herzlich gratulieren. Sie ahnen bestimmt, um wieviel schwieriger es wäre, diese Fragen zu beantworten, wenn es sich um jemanden handelt, mit dem Sie sich nicht gut vertragen und Streit haben. Ablehnung verschließt unser Herz und macht uns blind für Qualitäten unseres Gegenübers. Das ist sehr schade, denn bekanntlich sieht man nur mit den Herzen gut, wie schon der kleine Prinz von Saint-Exupéry festgestellt hat.

Sie können Ihre Empathie entwickeln, indem sie versuchen,

- bei Begegnungen die Person bewusst wahrzunehmen in ihrer Erscheinung, Körperhaltung, Sprache, Ausstrahlung; genau zu benennen, was Sie an dieser Person mögen, was Ihnen gefällt oder Sie beeindruckt;
- bei Unklarheiten nachzufragen und die Antwort mit Ihrem »Bauchgefühl« abzustimmen;
- die Begrüßungsfrage »Wie geht's?« nicht mehr als Floskel zu gebrauchen, sondern Ihre echte Anteilnahme auszudrücken;
- nachzufragen: »Wie meinst du das?«, wenn jemand vage Andeutungen macht, die auf ein persönliches Problem schließen lassen;
- den anderen erzählen zu lassen und sich mit ihm zu freuen und mitzufühlen.

Die zweite Schlüsselfähigkeit: Beziehungsfähigkeit

In unserer Welt der immer größer werdenden Anonymität, wo man jahrelang im selben Haus wohnen kann, ohne sich je kennenzulernen, ist es schwer, echte Beziehungen aufzubauen. Zwar können wir heute viel unkomplizierter und offener mit anderen Menschen in Kontakt treten, als es unseren Großeltern möglich war – aber sich auf eine Beziehung einzulassen, ist dadurch nicht einfacher geworden.

Wir sehnen uns nach stabilen, verlässlichen Beziehungen, sind aber durch schmerzliche Erfahrungen verunsichert und vorsichtig geworden. Wir grenzen uns lieber ab, um uns vor Enttäuschungen zu schützen. Es braucht Mut, sich auf einen anderen Menschen einzulassen. Darum bedeutet Beziehungsfähigkeit die Gabe, sich so einzubringen, dass mit anderen Menschen eine Vertrauensbasis geschaffen werden kann, die Nähe, Geborgenheit und Zusammenarbeit ermöglicht.

Wer zwischenmenschliche Nähe liebt und in selbem Maße gibt, wie er nimmt, wird auch im Falle eines Konflikts immer bereit sein, Brücken zu bauen, um tragfähige Lösungen zu finden. Er wird sich auch im lauten Streit bemühen, fair zu bleiben.

─────────────── **KURZTEST** ───────────────

Überprüfen Sie mit den nachstehenden Fragen selbst, wie gut Ihre eigene Beziehungsfähigkeit entwickelt ist.

- Zu wem haben Sie bedingungsloses Vertrauen? Falls Sie jemanden nennen können – warum gerade zu dieser Person?
- Wem sollten Sie mehr Vertrauen schenken? Warum tun Sie es nicht?
- Wer vertraut Ihnen vollumfänglich?
- Wodurch verdienen Sie dieses Vertrauen?
- Wie gut ertragen Sie Nähe?

- Bei wem fühlen oder fühlten Sie sich geborgen? Warum gerade bei dieser Person?
- Was bedeutet für Sie heute Geborgenheit?
- Von wem wünschten Sie sich mehr Nähe und Geborgenheit?
- Wem geben Sie heute zu viel / zu wenig Nähe und Geborgenheit?
- Welche gemeinsamen Ziele verbinden Sie mit dem Menschen, der Ihnen am wichtigsten ist?

Diese Fragen zielen auf den Kern einer echten Beziehung, nämlich auf Nähe und Vertrauen. Nähe schafft Geborgenheit. Sie strahlt die Wärme aus, die unsere Seele braucht, um sich von den kalten Lieblosigkeiten des Alltags zu erholen. Vertrauen ist das schönste Geschenk, das der Partner, die Partnerin uns machen kann. Es ist der Lohn für unsere Offenheit, Fairness, Ehrlichkeit und Treue.

Sie können Ihre Beziehungsfähigkeit entwickeln, indem Sie überlegen,

- welche gemeinsamen Ziele Sie in Ihren privaten, geschäftlichen und gesellschaftlichen Beziehungen haben;
- welchen Beitrag Sie dazu leisten;
- wem Sie mehr Vertrauen schenken wollen;
- von wem Sie mehr Nähe zulassen wollen;
- wer in Ihrem Beziehungsfeld mehr Geborgenheit, die Sie geben könnten, braucht;
- welche Beziehung Sie abbrechen wollen, weil sie Ihnen schadet und ein weiteres Festhalten unehrlich wäre;

- welche eingeschlafene Beziehung Sie wieder aktivieren wollen.

Je besser Sie sich in Beziehungen einzubringen vermögen, umso leichter fällt es, Konflikte nicht nur früh zu erkennen, sondern sie auch rechtzeitig aktiv anzugehen und zu entschärfen.

Die dritte Schlüsselfähigkeit: Kommunikation

Wenn Tiere in einen Konflikt geraten, dann kommunizieren sie mit deutlichen Körpersignalen. Die Laute, die sie von sich geben, ergänzen die Botschaften, die der Körper aussendet. Anders als die Tiere übersehen wir die Körperbotschaften sehr oft, die immer noch Teil unserer Kommunikation sind. Wir konzentrieren uns auf die Sprache, damit wir einander unsere Gedanken und Gefühle mitteilen können. Ohne Sprache, das heißt ohne die richtigen Worte, ist unser Austausch mit anderen sehr eingeschränkt.

Gelingt es uns nicht, das auszudrücken, was wir dem anderen sagen möchten, dann stauen sich unsere Gefühle so, dass unser Körper reagiert. Wenn wir uns paralysiert und machtlos fühlen, dann sind Weinen, Übelkeit, ja selbst eine Ohnmacht keine Seltenheit. Sind wir voller Wut und Erbitterung, dann entlädt sich die ganze Energie unserer Frustration über körperliche Gewalt.

Ein Beispiel, wie Sprachlosigkeit zu Gewalt führt, beschreibt Herman Melville in seiner berühmten Novelle »Billy Budd«. Der Matrose Billy ist ein anständiger, von all seinen Kameraden gut gelittener Kerl. Er wird vom hinterhältigen und bösartigen ersten Offizier Claggart schikaniert, gedemü-

tigt und zuletzt provoziert mit den Worten: »Sag doch, was du sagen willst! Los, sprich es aus!« Aber Billy kann sich nicht verteidigen, er bringt kein Wort heraus. Billy ist ein Stammler. In seiner Verzweiflung und sprachlosen Wut schlägt er Claggart nieder. Dabei stirbt dieser fatalerweise. Billy wird verurteilt und gehängt. Recht kommt vor Gerechtigkeit.

»Gewalt ist selten die Ursache, sondern vielmehr die Folge eines Konflikts«

Das Phänomen Gewalt zur Konfliktlösung ist verschiedentlich untersucht worden. Die Ergebnisse weisen deutlich darauf hin, dass Gewalt selten die Ursache eines Konflikts ist, sondern vielmehr die Folge davon.

Gerade Männer wissen sich in Auseinandersetzungen oft nicht anders zu helfen, als unter Anwendung von Gewalt einen Konflikt zu beenden. Es fehlen ihnen die richtigen Worte. Sie sind durch ihre männliche Sozialisation eher gewohnt, mit physischen Mitteln auf Druck zu reagieren. Actionfilme wie »Stirb langsam 1 – 6« mit Bruce Willis und insbesondere der klassische Western zeigen dieses Schema männlicher Kommunikation und Konfliktlösung deutlich. Der Held ist ein Schweiger.

Die harmlose Variante dieses kommunikationsunfähigen Typus wird sehr plakativ durch Bud Spencer (»Zwei Fäuste für ein Halleluja«) repräsentiert. Mit seinen Bärenkräften prügelt er aus dem Gegner alle nicht mit ihm übereinstimmenden Vorstellungen und Bewertungen tüchtig heraus. Bis der letzte, ramponiert und mit blauem Auge, begriffen hat, welche Sichtweise zu gelten hat.

Clint Eastwood hingegen spielt in seinen Filmen (»Dirty Harry«, »The good, the bad and the ugly«) die brutale und harte Version des Sprachlosen. Als »Guter« regelt er Konflikte mit den »Bösen« mit dem Colt, und zwar in einer ultimativen und kompromisslosen Weise. Wer tot ist, widerspricht nicht. »Schieß zuerst – diskutiert wird nachher!« ist einer der typischen, coolen Sprüche. Die Beliebtheit dieser Filme, besonders bei Männern, weist darauf hin, dass die Zuschauer sich in der Annahme bestätigt fühlen, Konflikte effizienter durch physische Gewalt zu lösen als durch aufwendige Gespräche.

»Konflikte durch Gespräche zu lösen, ist aufwendig«

Kommunikation ist anstrengend. Wir haben sie im Laufe unseres Lebens mühsam erwerben müssen. Der alltagstaugliche Wortschatz eines deutschsprachigen Durchschnittsbürgers beschränkt sich gemäß Studien von Langenscheidt auf ungefähr dreitausendachthundert Wörter. Damit kann man die Boulevardpresse verstehen, allgemeine Fernsehsendungen verfolgen, einen einfachen Roman lesen und eine Biertischdiskussion führen. Um aber sprachlich einen Konflikt zu bewältigen, benötigen wir mindestens das Doppelte, also achttausend Begriffe. Darum ist es nicht verwunderlich, wie schnell zu derben Flüchen und Bezeichnungen aus dem Tierbereich gegriffen wird, wenn ein Streit entbrennt. Es fehlt schlicht an Übung und Bildung, die heftig aufsteigenden Gefühle in Worte zu kleiden und sie verständlich zu kommunizieren.

Mit den nachstehenden Fragen können Sie selbst überprüfen, wie konstruktiv Sie in einer Streitsituation kommunizieren.

- Können Sie zuhören oder reden Sie mehrheitlich selbst?
- Nehmen Sie das, was der andere sagt, in seinem Inhalt und seiner Bedeutung noch auf? Wollen sie es wirklich verstehen?
- Geben Sie Feedback, das heißt, dem anderen ein Signal, dass Sie seine Botschaft verstanden haben, oder wollen Sie vor allem Ihre Meinung loswerden?
- Neigen Sie dazu, einzelne Satzteile in der Aussage des anderen aufzugreifen und als »Waffe« einzusetzen (z. B. »Jetzt hast du dich verraten!«)?
- Benützen Sie Killerphrasen wie »Das ist der größte Schwachsinn, den ich je gehört habe!« oder »Vergiss es! Mit dir zu reden, macht sowieso keinen Sinn.«?
- Neigen Sie dazu, zu befehlen, zu kommandieren, zu belehren oder zu drohen (z. B. »Du musst ...!« oder »Wenn Du nicht ..., dann ...!«)?

Kommunikation heißt übersetzt: *miteinander* reden. Im Alltag entsteht oft der Eindruck, dass häufiger *gegeneinander* geredet wird, was sich in einer harmlosen Variante als ein Aneinandervorbei-Reden, in der aggressiven Form als Belehrung oder Streit manifestiert.

Die Kommunikation in einer Konfliktsituation kann verbessert werden, wenn

- Sie nicht sofort »losschießen«, sondern innehalten, indem Sie gut durchatmen, bevor Sie reden;

- Sie sich selbst Zeit nehmen, sich auf das Gespräch vorzubereiten und diese Vorbereitung am besten schriftlich festhalten. Es führt zu mehr Klarheit und hilft, die Gedanken besser zu kontrollieren;
- Sie auf Flüche und negative Titulierungen Ihres Partners, Ihrer Partnerin wie »Nur ein Idiot ...« oder »Man muss ja geistig krank sein, um ...« und Ähnliches verzichten;
- Sie langsam reden und bewusst Pausen einlegen, um die Kontrolle über das, was Sie sagen wollen, nicht zu verlieren; leider können wir schneller reden als denken;
- Sie bei Ihrem Konfliktpartner nachfragen, ob Sie seine Botschaft richtig verstanden haben;
- Sie selbst Ihrem Partner, Ihrer Partnerin gut zuhören und ihm/ihr nicht ins Wort fallen und sie ausreden lassen;
- Sie Ihren Partner, Ihre Partnerin bitten, Sie ebenfalls ausreden zu lassen;
- Sie sich dafür entschuldigen, wenn Sie etwas Unfaires gesagt haben;
- Sie in der Ich-Form reden und nicht in der »man«-Form;
- Sie Ihre Gefühle so offen und ehrlich beschreiben, wie Sie können. Zum Beispiel: »Ich bin wütend, verwirrt, traurig, enttäuscht, verletzt ...«

Eine Kommunikation, die sich an den oben stehenden Richtlinien orientiert, macht ein konstruktives Konfliktgespräch erst möglich. Es lohnt sich daher, die Art und Weise der eigenen Kommunikation zu pflegen. Die Macht der Worte kann so zum Schlüssel für gute, gemeinsame Lösungen werden.

Die vierte Schlüsselfähigkeit: Kooperation

Ein Schüler fragte einst seinen weisen Lehrer, was der Unterschied zwischen Himmel und Hölle sei. »In der Hölle«, so erklärte der Weise, »sitzen die Sünder an reich gedeckten Tischen, die sich unter dem Gewicht der erlesensten Speisen biegen. Trotz der Fülle bleiben sie hungrig, denn an ihren Händen sind Gabeln und Löffel unverrückbar festgebunden, mit denen sie zwar das Essen aufladen oder aufspießen, aber nicht zum Mund führen können. Die Gabeln und Löffel sind über zwei Meter lang. Sie jammern und klagen, und ihre hilflosen Versuche lassen sie verzweifeln.«

»Das ist wahrhaftig die Hölle!«, sagte der Schüler.

»Im Himmel«, fuhr der Weise fort, »sitzen die Erlösten und Gerechten ebenfalls an reich gedeckten Tischen, die sich unter dem Gewicht der erlesensten Speisen biegen. Auch an ihren Händen sind meterlange Gabeln und Löffel unverrückbar festgebunden. Sie aber sind glücklich und zufrieden, denn sie füllen ihren Löffel mit herrlicher Speise oder spießen ein leckeres Stückchen auf und stecken es dem Nächsten liebevoll in den Mund ...«

Die Hölle des Alltags ist von Menschen besiedelt, die nichts für andere tun, mit der Begründung: »Es tut ja auch keiner was für mich!« Da alle warten, bis der andere »endlich« etwas tut, verwandelt sich die mögliche Kooperation sehr schnell in Opposition, nämlich in die Verweigerung, etwas für den Partner, die Partnerin zu tun.

Menschen, die ein Stück Himmel auf dieser Erde entstehen lassen wollen, kooperieren. Sie arbeiten nicht nur mit jemandem zusammen, sondern auch für jemanden. Damit erbringen sie einen aktiven Beitrag, der von allen Beteiligten als Leistung für die Gemeinschaft anerkannt wird. Diese Leistung ist für die Empfänger eine Art moralische Verpflichtung, bei allfälligen Konflikten Ideen, Vorschläge und guten Willen zu einer gemeinsamen Lösung beizusteuern.

KURZTEST

Sie können hier eine kurze Standortbestimmung zu Ihrer persönlichen Kooperationsbereitschaft vornehmen:

- Was bringen Sie konkret als aktive Leistung (z. B. Geld, Haushaltsarbeit, Betreuung der Kinder usw.), in Ihre Beziehung ein?
- Welchen Beitrag leisten Sie am liebsten?
- Welcher Beitrag ist für Sie Pflicht und eher lästig?
- Vor welchem Beitrag drücken Sie sich, obwohl es Ihre Aufgabe wäre?
- Fühlen Sie sich durch Ihren Partner, Ihre Partnerin ausgenützt? Wenn ja, in welchen Bereichen? Warum lassen Sie es zu?
- Welche Beiträge Ihres Partners, Ihrer Partnerin sind für Sie selbstverständlich?
- Sieht das Ihr Partner, Ihre Partnerin genauso?
- Wann haben Sie Ihrem Partner, Ihrer Partnerin das letzte mal für einen Beitrag bewusst gedankt?
- Glauben Sie, dass Ihr Partner, Ihre Partnerin die Art und Weise der Kooperation Ihrer Beziehung als ausgeglichen und gerecht empfindet?

Es ist immer wieder erstaunlich, wie die Einschätzungen der erbrachten Beiträge in der Beziehung durch jeden Partner anders ausfällt. Die subjektive Brille scheint die objektive Wahrnehmung stark einzuschränken. Besonders dann, wenn es darum geht, den materiellen oder immateriellen Wert einer Leistung zu beziffern. In einer gut funktionierenden Beziehung wird darum weniger in Stunden, Einheiten und Euro gerechnet, sondern in positiven Energien wie spontanes Zupacken, Hilfsbereitschaft, Verlässlichkeit, Großzügigkeit, Pflichtbewusstsein, Lebensfreude.

Wenn Sie die Kooperationsbereitschaft verbessern möchten, dann sollten Sie

- sich überlegen, welche Beiträge Sie konkret leisten oder zu leisten bereit sind;
- aufschreiben, welche Beiträge Sie innerhalb einer Woche geleistet haben (oft täuscht der subjektive Eindruck; eine kleine Statistik schafft Klarheit);
- mit Ihrem Partner, Ihrer Partnerin Ihre gegenseitigen Beiträge abstimmen und abgleichen (wer macht was, wann und wie oft?);
- Ihr Herz mit der Freude erfüllen, etwas für die Beziehung aktiv leisten zu dürfen, und Ihre Seele nicht mit der Pflicht, etwas beitragen zu müssen, belasten;
- weniger darüber reden, was getan werden sollte, sondern es aktiv angehen;
- Beiträge vermehrt gemeinsam ausführen und damit die Partnerschaft beleben;
- nicht jeden Beitrag buchhalterisch gegen einen anderen abwägen und bewerten, sondern großzügig mit dem Einsatz Ihrer Leistungen sein;
- den Gedanken »Die anderen machen ja auch nichts für

mich!« für alle Zeiten löschen und durch »Was kann ich für die anderen tun?« ersetzen.

Aktiv kooperieren ist ein wertvolles Element, um Konflikte dynamisch zu lösen, da erst durch konkretes Handeln gewünschte Veränderungen erreicht werden.

Die fünfte Schlüsselfähigkeit: Selbstwertgefühl

Einer der wesentlichen Faktoren, die uns vom Tier unterscheiden, ist die Wahrnehmung der eigenen Persönlichkeit, die Fähigkeit, seine Identität zu erkennen und ihr einen Wert zu geben. Oder anders gesagt: Wir haben die Möglichkeit, selbst zu erfahren, wer wir sind, und zu entscheiden, ob wir uns selbst mögen oder nicht.

Da wir alles, was wir erkennen, auch beurteilen, treffen wir bewusst oder unbewusst ein Urteil über uns selbst. Freuen wir uns über uns selbst und über unser So-Sein, dann nähren wir unser Selbstwertgefühl. Wenn wir jedoch über uns oder Teile von uns schlecht denken oder sie sogar ablehnen, dann spalten wir einen Teil unserer Persönlichkeit als »ungenügend«, »schlecht« oder »mangelhaft« ab. Wir leiden an uns selbst, was uns ein großes psychologisches Problem schafft. In unserem Minderwertigkeitsgefühl bauen wir Barrieren auf, um uns zu schützen, reagieren dünnhäutig auf Kritik und sind im Grunde unseres Herzens voller Neid auf alle Menschen, die über vermeintlich bessere Eigenschaften als wir verfügen. Minderwertigkeitsgefühle sind ein gedeihlicher Nährboden für Konflikte und Streit, denn sie machen uns bitter, kleinkariert und empfindlich.

Wie stark ist Ihr Selbstwertgefühl? Es ist gut ausgeprägt, wenn Sie

- Leistungen aufzählen können, auf die Sie stolz sind;
- Ihr Aussehen (Figur, Haare, Gewicht usw.) voll und ganz akzeptieren können;
- sich nicht mit anderen vergleichen müssen (»Das kann ich besser als ...!«);
- nicht mehr sein wollen, als Sie sind, und darum nicht bluffen;
- anderen Menschen zuhören können;
- es locker ertragen, dass jemand anders als Sie im Rampenlicht steht, ohne dass Sie leiden oder Neidgefühle entwickeln;
- Ihren Wert kennen, da Sie wissen, was Sie können und was nicht;
- gelassen und geduldig sind und keine Rachegefühle haben;
- nicht von den gedanklichen Beschränkungsformeln »Ich kann nicht, ich habe nicht, ich bin nicht ...« beherrscht werden;
- sich auf Ihre Stärken besinnen und Ihre Energie konstruktiv einsetzen.

Wahrscheinlich ist ein intaktes Selbstwertgefühl die beste Voraussetzung, um bereits präventiv auf konstruktive Konfliktlösungen hinzuwirken. Menschen, die sich selbst annehmen können, wie sie sind, strahlen Sicherheit und Selbstbewusstsein aus. Da sie sich nichts beweisen müssen, suchen sie bei Konflikten nicht den Sieg über den anderen, sondern eine faire, vernünftige Lösung.

Konfliktfähigkeit beruht auf einem intakten Selbstwertgefühl. Sie können Ihr Selbstwertgefühl stärken, indem Sie

- alle negativen Urteile über sich selbst ablegen, da Sie sich damit nur selbst schaden und es niemandem hilft;
- alle »Ich sollte, müsste …!« aufgeben (z. B. »Ich sollte abnehmen …«);
- sich selbst akzeptieren lernen, so wie Sie sind mit allen Ihren Stärken und Schwächen (niemand ist vollkommen und darum »besser« als Sie!);
- andere Menschen akzeptieren, wie diese sind, ohne sie offen oder verdeckt zu kritisieren (z. B. indem Sie denken oder sagen: »Wie kann man nur so aussehen!«);
- sich über den Erfolg anderer ehrlich freuen;
- sich über Fehler, eigene und die von anderen, weniger aufregen und gelassener damit umgehen;
- aufhören, unerbittlich und perfektionistisch zu sein;
- sich Ihre Verletzlichkeit eingestehen und diese nicht verdrängen;
- andere nicht beherrschen wollen, sondern sie unterstützen, ihre Kräfte konstruktiv zu entfalten;
- sich selbst mögen, indem Sie daran arbeiten, zehn (es dürfen auch mehr sein!) positive Punkte bei sich selbst aufzählen zu können.

Die fünf genannten Schlüsselfähigkeiten sind bei keinem Menschen – es sei denn bei einem Heiligen oder einer Heiligen – optimal ausgebildet. Es gehört zum Erwachsenwerden, sich immer wieder mit diesen fünf Grundeigenschaften auseinanderzusetzen und geduldig daran zu arbeiten.

Warum der vermeintliche Streitpunkt selten der wahre Konfliktgrund ist

Wenn echt gestritten wird, sind immer Emotionen im Spiel. Im Gegensatz zu Meinungsverschiedenheiten, die zwar ebenfalls intensiv und laut ausgetragen werden können, hat ein Konflikt immer zwei Ebenen: eine sichtbare Ebene, auf der die offenkundige Differenz zwischen den beiden Streitenden ausgetragen wird, und eine unsichtbare Ebene mit dem eigentlichen Konfliktgrund. Wie bei Ölbohrungen anfangs Erdgas aufströmt und durch den Druck dieses Gases das Erdöl erst gefördert werden kann, ist auch das vordergründige Streitthema nie Ausdruck des wahren Konflikts, sondern ein Vorlauf. Darum können Konflikte nur zu wirklichen Lösungen führen, wenn zur zweiten, tiefer liegenden Ebene und damit zum wahren Konfliktgrund vorgestoßen und dieser thematisiert wird.

Im Alltag ist es nicht leicht, diese Doppelbödigkeit zu durchschauen. Deshalb findet der lauthals ausgetragene Streit meistens nur auf der ersten Ebene statt. Er wird dadurch zum stellvertretenden Kampf für das verdeckte Problem, das eigentlich gelöst werden sollte.

Wenn Anne ihrer Mutter erzählt, dass sie sich mit ihrem Mann Rolf gestritten hat, wo sie nächsten Sommer ihren Urlaub verbringen wollen, dann erntet sie Unverständnis und Kopfschütteln. »Über den Urlaubsort seid ihr euch nicht einig? Habt ihr denn keine anderen Sorgen?«

Doch, sie haben andere Sorgen, aber die sind (noch) kein Thema. Es fehlt der Mut, die Probleme zu thematisieren, um

die es wirklich geht. Stattdessen wird die Gelegenheit be-
nutzt, auf einem Nebenschauplatz Signale auszusenden, die
auf einen tiefer liegenden Konflikt hinweisen.

*Anne und Rolf sind seit zehn Jahren verheiratet und leben
mit ihren zwei Kindern in der Nähe einer Großstadt. Rolf
arbeitet in einem internationalen Industrieunternehmen als
Gruppenleiter. Anne ist hauptsächlich für die Kinder da
und hilft ehrenamtlich in einem Mütterverein mit.*

*Die Kinder sind bereits im Bett, Rolf liest die Zeitung,
und Anne blättert in einem Reisekatalog. In Klammern
steht im folgenden Beispiel jeweils, was beide denken oder
fühlen, aber leider nicht sagen.*

»Wir sollten dringend unseren Sommerurlaub planen!«
(Anne will damit sagen: Anstatt hier zu sitzen, jeder für sich,
sollten wir die Zeit nutzen, miteinander zu reden, zum Beispiel über den Sommerurlaub.)
Rolf antwortet nicht.
(Rolf möchte jetzt nicht reden. Reden bedeutet, sich mit dem
anderen auseinanderzusetzen. Dazu hat er jetzt keine Lust.)
*»Du! Wenn wir einen schönen und günstigen Ort finden
wollen, dann müssen wir uns sehr bald entscheiden! Hörst
du mir zu?«*
(Anne möchte, dass Rolf auf sie eingeht. Da der Urlaub beide
angeht, glaubt sie, auch ein Recht darauf zu haben.)
*Rolf blättert geräuschvoll um. Er brummt hinter seiner Zei-
tung: »Wieso? Wir fahren doch wieder in die Berge. Wie
jedes Jahr!«*
(Rolf signalisiert, dass er in Ruhe gelassen werden möchte,
und gibt darum seine Meinung auch kurz und bündig ab, um

den Gesprächswunsch von Anne abzuwürgen.)

»Wir fahren – weil du es willst – seit fünf Jahren in die Berge. Ich will aber dieses Jahr ans Meer! Und könntest du gefälligst deine idiotische Zeitung weglegen?«

(Anne meint: Jetzt möchte ich mein Bedürfnis leben, und ich möchte ernst genommen werden; darum leg die Zeitung weg. Ich bin wichtiger!)

Sie nimmt seinen Arm. »Schau mich an, ich rede mit dir!«

(Da er nicht reagiert, erhöht sie ihren Druck.)

»Lass das! Ich bin den ganzen Tag nicht dazugekommen, sie zu lesen, und du quatscht mir die Ohren voll mit deinen Urlaubswünschen ...«

(Rolf will eigentlich sagen: Ich will jetzt nicht diskutieren, und das Thema interessiert mich nicht. Da Anne Druck macht und seine Zeitung »idiotisch« nennt, reagiert er mit Gegendruck, indem er sie abqualifiziert und ihre Beiträge als »Quatsch« bezeichnet und damit als nicht besprechungswürdig.)

»Deine Sorgen möchte ich haben!« Demonstrativ faltet er die Zeitung wieder auf, ohne Anne anzusehen.

(Der Machtkampf ist im Gange. Rolf signalisiert, dass er echte Sorgen hat, die er jetzt aber nicht zur Sprache bringen möchte oder kann, die ihn aber stark belasten. Um sich abzuschirmen, baut er die Zeitung als Schutzmauer auf.)

Sie lässt ihn los.

(Sie geht auf Distanz und lockert die innere Beziehung zu ihrem Mann.)

»Das ist typisch für dich! Immer wenn ich mit dir reden will, versteckst du dich hinter deiner Zeitung oder hockst vor dem Fernseher! Und überhaupt: Ich kenne keinen Mann, der sich so wenig um die Familie kümmert wie du!«

(Da Rolf keine Gesprächsbereitschaft zeigt, rächt sich Anne, indem sie ihn als Familienvater disqualifiziert.)

Er senkt die Zeitung und schaut sie zornig an:

(Sie hat damit bei Rolf einen wirkungsvollen Alarmknopf aktiviert. Jetzt ist er bereit zu reden.)

»Ich kümmere mich nicht genügend um die Familie? Dass ich nicht lache! Weißt du zufälligerweise auch, warum? Weil ich die ganze Zeit für diese anspruchsvolle Familie das Geld heranschleppe ... und heutzutage ist es verdammt schwer geworden! Und warum mache ich das? Damit sich meine verwöhnte Frau schöne Kleider, ein Haus und zudem einen teuren Urlaub leisten kann!«

(Rolf schlägt zurück und will mit dem Adjektiv »verwöhnt« seiner Frau die Schuld geben für seine finanziellen Sorgen. Geldprobleme sind auch der wahre Grund, warum er zugeknöpft ist und über Urlaub, sprich: Geldausgaben, nicht reden will.)

»Das tun andere Väter auch – ohne zu jammern! Und wenn du dich in eurer Firma besser durchsetzen würdest, dann wäre das auch kein Thema!«

(Durch Rolfs Vorwurf fühlt sich Anne verletzt und hört darum nicht richtig zu. Damit verpasst sie, auf seine Geldsorgen konstruktiv einzugehen. Stattdessen benützt sie den wirkungsvollen Alarmknopf und vergleicht Rolf nochmals mit anderen Vätern.)

»Du bist wie deine Mutter! Ansprüche stellen und selbst nichts liefern! Wieso verdienst du nicht das Geld? Ich schufte für die Familie und habe all die täglichen Probleme selbst zu lösen – und du stellst nur Forderungen. Wo ist dein Beitrag?«

(Rolf gibt Annes Druck gewaltig zurück, indem er sie mit

ihrer Mutter vergleicht. Im Grunde genommen signalisiert er Anne, dass Geldprobleme ihn drücken und er von ihr Unterstützung und nicht Forderungen erwartet.)

Sie steht auf und geht in die Küche. Sie weint.

(Da Anne keine weiteren Argumente hat, beendet sie abrupt die Auseinandersetzung. Zudem fühlt sie sich verletzt. Sie weint laut, damit er sie hört und erkennt, was er ihr angetan hat mit seinen Bemerkungen.)

Rolf schmeißt wütend die Zeitung auf den Couchtisch und macht den Fernseher an.

(Rolfs Wut gilt nicht nur Anne, sondern ebenso seiner Unfähigkeit, die finanziellen Schwierigkeiten mit Anne offen und ehrlich besprechen zu können. Fernsehen soll ihn jetzt von unangenehmen Gedanken ablenken und zudem das Weinen von Anne übertönen.)

In diesem Gespräch wird deutlich, dass es gar nicht wirklich um den Urlaub geht. Die Ferienplanung ist nur das Vehikel, um verdeckte Konflikte indirekt auszutragen. Annes wirkliches Problem ist die unbefriedigende Kommunikation zwischen ihr und Rolf. Sie fühlt sich zuwenig ernst genommen und nicht genügend respektiert. Rolf wiederum ist wütend, dass seine Frau nicht *spürt*, dass ihn Geldsorgen quälen und dass er es im Beruf zurzeit schwer hat. Da beide aber ihre wirklichen Bedürfnisse nicht äußern, entsteht ein fatales Missverständnis, da jeder nur seine Position betrachtet und sich nicht auch in die Lage des anderen versetzen kann.

Lösung:

Dieses Gespräch müsste gar nicht so negativ enden. Wenn beide richtig zuhörten und die Bedürfnisse des anderen wahrnähmen, hätten sie Gelegenheit, sich auszusprechen und ihre Sorgen darzulegen.

Das eigene Bedürfnis aussprechen und nicht ein »Problem« vorschieben

Hätte Anne zu Rolf gesagt: »Ich möchte gern mir dir den Urlaub im Sommer besprechen. Hast du auch Lust dazu?«, dann wäre dies für Rolf eine Einladung gewesen, die er hätte annehmen oder ablehnen können, ohne sich Ärger einzuhandeln.

Das Bedürfnis des anderen respektieren

Rolf hätte antworten können: »Ich möchte noch die Zeitung zu Ende lesen. Ich habe heute keine Zeit dazu gehabt. Gib mir noch zehn Minuten, dann bin ich ganz Ohr.« Bestimmt hätte Anne großzügig gesagt: »Na, klar! Lies ruhig. Ich kann warten.«

Wirklich zuhören, um auch das aufzunehmen, was nicht gesagt wird

Je mehr jeder mit sich selbst beschäftigt ist, um so schwerer fällt es, sich in den anderen zu versetzen und das herauszuhören, was dieser eigentlich sagen will.

Wir haben in unserem Beispiel zwei solche Situationen:

1. Situation: Berge oder Meer

Rolf hätte (natürlich ohne Zeitung!) fragen können: »Warum willst du ans Meer?« Anne hätte dann ihre Bedürfnisse erklären können, und er hätte seine Bedürfnisse mit den ihrigen abgleichen können.

2. Situation: Geldprobleme

Wenn Anne gefragt hätte: »Was meinst du mit: ›Es ist verdammt schwer geworden?‹ Was für Probleme hast du?«,
hätte ihr Mann eine gute Gelegenheit gehabt, seine Sorgen
und Ängste auszudrücken.

Verstehen wollen heißt, nicht urteilen, schon gar nicht verurteilen.

Da sich in unserem Beispiel beide nur auf sich und ihre
Anliegen konzentrieren und sich nicht in den anderen hin-
einfühlen, können sie dessen Reaktionen und Äußerungen
auch gar nicht verstehen. Sie messen sie allein an ihren Bedürfnissen und reagieren darum sehr negativ. Alles, was der
andere tut oder sagt, wird darum nicht nur be-urteilt, sondern auch ver-urteilt. Damit wird noch mehr Zündstoff für
die Fortsetzung der unschönen Diskussion geschaffen.

Jedes Gespräch konstruktiv abschließen

Anne zieht sich in die Küche zurück. Rolf macht den
Fernseher an. Beide sind nicht in der Lage, das Gespräch
sinnvoll zu beenden. Flucht mag als Schutzreaktion kurzfristig sinnvoll sein, ist aber keine wirkliche Lösung. Konflikte
lassen sich weder durch Weglaufen noch durch Fernsehen
aus der Welt schaffen. Anstatt sich dem Gespräch zu entziehen, hätte Anne feststellen können: »Ich fühle mich verletzt,
wenn du solche Dinge über mich sagst. Lass uns hier das Gespräch abbrechen und darüber schlafen. So finden wir keine
sinnvolle Lösung. Bist du einverstanden?« Es wäre Rolf bestimmt leichtgefallen, diesem Vorschlag zuzustimmen, und
– wer weiß? – vielleicht hätte er es sogar über sich gebracht,
sich für seine lieblosen Bemerkungen zu entschuldigen.

In hitzigen Streitgesprächen wird mit Argumenten und Beschuldigungen um sich geworfen, die kaum etwas mit dem echten Problem zu tun haben. Es sind Waffen, um den anderen zu bekämpfen und zu besiegen – aber sie lösen keinen Konflikt. Im Gegenteil: Sie schlagen Wunden, die schwer heilen.

Wenn Sie sich in einem Streit daran erinnern, was wir hier gesagt haben, nämlich, dass der wahre Streitgrund verdeckt ist durch ein auf der ersten Ebene liegendes, offensichtliches und vordergründiges Problem, dann gelingt es Ihnen bestimmt, den Teufelskreis von gegenseitigen Beschuldigungen zu durchbrechen und hinabzusteigen in die Tiefe der zweiten Ebene, wo der wirkliche Konflikt liegt und einer Lösung harrt.

> *»Beschuldigungen sind Waffen,*
> *um den anderen zu bekämpfen und*
> *zu besiegen – aber völlig untauglich,*
> *um einen Konflikt zu lösen«*

Die häufigsten Konflikttreiber
und wie man sie konstruktiv beeinflusst

99 Prozent aller Konflikte
beginnen mit zwei Buchstaben

Ein Konflikt ist ein offener oder verdeckter Machtkampf. Ein Mittel, den anderen in die Knie zu zwingen, ist, ihm die Schuld für das Problem anzuhängen. Das schwächt sein Selbstwertgefühl und verunsichert ihn. Wie beim Schach, bei dem derjenige, der die weißen Steine führt, den Vorteil des ersten Zugs hat, versuchen wir, unser Gegenüber in die Defensive zu drängen, indem wir ihm ein schlechtes Gewissen machen. Wenn der andere die Schuld übernimmt, sind wir fein raus. *Er* hat versagt, nicht wir. Die meisten Konflikte beginnen deshalb mit den zwei Buchstaben: »*Du!*« Sie sind die Einleitung zu Beschuldigungen und Schuldzuweisungen. Hier ein harmloses, aber häufiges Beispiel:

Er: »Hast du die Eintrittskarten?«
Sie: »Wieso ich? Du hast sie doch in deiner Jackentasche!«
Er: »Ich habe dir doch deutlich gesagt, du sollst die Eintrittskarten mitnehmen!«
Sie: »Wer hat die Karten gekauft und eingesteckt? Du! Also musst du sie auch haben.«
Er: »Nein, ich habe sie nicht! Du hast sie mir weggenommen.«
Sie: »Ich nehme dir nie etwas weg. Du hast sie verlegt!«

Wir können uns gut vorstellen, dass diese kleine, alltägliche Geschichte hier nicht wirklich aufhört, wenn die Eintrittskarten nicht schleunigst auftauchen; selbst dann ist der Streit oft nicht erledigt.

Er: »Da sind sie ja! Wieso kannst du die Sachen nicht da hinlegen, wo sie hingehören?«
Sie: »Du hast sie da hingelegt, nicht ich! Im Gegensatz zu dir finde ich meine Sachen.«
Er: »Dass ich nicht lache! Du und dein Zeug finden ...!«

Langsam, aber sicher wandert das Thema weg von den Eintrittskarten. Alte angestaute Frustrationen kommen hoch. Der Konflikt nimmt handfeste Formen an.

Lösung
Reden Sie von sich und in der Ich-Form. Vermeiden Sie Du-Formulierungen.

Er: »Ich finde die Eintrittskarten nicht! Ich weiß nicht, wo ich sie hingelegt habe.«
Sie: »Ich habe sie leider auch nicht. Sind sie nicht in deiner Jackentasche?«
Er: »Nein. Ich dachte, ich hätte sie dir gegeben.«
Sie: »Ich kann mich nicht erinnern. Ich schaue nochmals nach, glaube aber nicht, dass ich sie habe.«
Er: »Da sind sie ja! Vielleicht habe ich sie da hingelegt ...«

Sie braucht nichts mehr zu erwidern. Der Fall hat sich geklärt, und dazu noch ohne Streit.

In der Ich-Form nehmen wir die Verantwortung auf uns. Wir entlasten unser Gegenüber und schaffen damit keine Spannung, die sich mit gereizten Worten entladen muss. Je selbstbewusster und gefestigter eine Person ist, umso weniger braucht sie das »Du ...!«, um die eigenen Befürchtungen abzureagieren. Ist aber das Selbstwertgefühl nicht sehr stabil, so erträgt sie keine Verunsicherung und sucht im anderen den Sündenbock.

Wenn Ihr Partner, Ihre Partnerin Sie beschuldigt mit »Du ...!«, dann greifen Sie den »Anklagepunkt« auf und fragen Sie konkret nach: »Was heißt das genau? Was möchtest du damit sagen? Bedeutet das, dass ich ... bin?« Wobei im Leerraum die entscheidende Eigenschaft genannt wird, die der andere Ihnen indirekt vorwirft. Es ist wichtig, diese Eigenschaft nicht zu verharmlosen, sondern eher ein bisschen zu übertreiben. Denn »wer sich erniedrigt, wird erhöht werden«, was in unserem Zusammenhang so viel bedeutet wie: Wer bereit ist, auch eine Schwäche einzugestehen, erlaubt dem Gegenüber auch Fehler. Damit weicht der Druck, unbedingt einen Schuldigen zu finden.

Er: »Da sind sie ja! Wieso kannst du die Sachen nie da hinlegen, wo sie hingehören?«
Sie:»Was heißt das konkret? Bedeutet das, dass ich in deinen Augen schrecklich unordentlich bin?«
Er: »So habe ich das nicht gemeint. Wir haben jetzt ja die Karten. Lass uns gehen!«

Konflikte beginnen praktisch immer mit Du-Anschuldigungen! Mit unseren Du-Botschaften urteilen wir nicht nur über andere, sondern – und das führt zum Streit – wir *verurteilen* sie auch.

Wenn wir bei Diskussionen darauf achten, wie schnell wir in die Falle der Du-Beschuldigung hineingeraten, dann können wir dieses unselige Ritual nur aktiv unterbrechen, wenn wir uns wieder bewusst auf unsere eigenen Ansichten und Gefühle konzentrieren und auch von ihnen reden.

Nörgeln, ablehnen – und kein Lösungsvorschlag

Zu den unterschwelligen Konflikten, die über Jahre andauern und sich vielleicht einmal eruptiv entladen, wie in unserem ersten Beispiel von Paul und Maria und der Orangensaftpackung, gehören das Nörgeln, das permanente Ablehnen von Vorschlägen, das Verweigern von eigenen Lösungsvorschlägen oder die Unfähigkeit, etwas Konstruktives beizutragen.

Ein schönes Beispiel liefert uns das bekannte Märchen von König Drosselbart der Gebrüder Grimm.

König Drosselbart
Ein König hatte eine Tochter, die war über alle Maßen schön, aber dabei so stolz und übermütig, dass ihr kein Freier gut genug war. Sie wies einen nach dem andern ab und trieb noch dazu Spott mit ihnen. Einmal ließ der König ein großes Fest anstellen und lud dazu aus der Nähe und Ferne die heiratslustigen Männer ein. Sie wurden alle in eine Reihe nach Rang und Stand geordnet; erst kamen die Könige, dann die Herzöge, die Fürsten, Grafen und Freiherrn, zuletzt die Edelleute.

Nun ward die Königstochter durch die Reihen geführt, aber an jedem hatte sie etwas auszusetzen. Der eine war ihr zu dick: »Das Weinfass!«, sprach sie. Der andere zu lang: »Lang und schwank hat keinen Gang.« Der dritte zu kurz: »Kurz und dick hat kein Geschick.« Der vierte zu blass: »Der bleiche Tod!« Der fünfte zu rot: »Der Zinshahn!« Der sechste war nicht gerad genug: »Grünes Holz, hinterm Ofen getrocknet!« Und so hatte sie an einem jeden etwas auszusetzen, besonders aber machte sie sich über einen guten König lustig, der ganz oben stand und dem das Kinn ein wenig krumm gewachsen war. »Ei«, rief sie und lachte, »der hat ein Kinn wie die Drossel einen Schnabel«; und seit der Zeit bekam er den Namen »Drosselbart«.

Der alte König aber, als er sah, dass seine Tochter nichts tat, als über die Leute spotten, und alle Freier, die da versammelt waren, verschmähte, ward zornig und schwur, sie sollte den ersten besten Bettler zum Manne nehmen, der vor seine Türe käme.

Ein paar Tage darauf hob ein Spielmann an, unter dem Fenster zu singen, um damit ein geringes Almosen zu verdienen. Als es der König hörte, sprach er: »Lasst ihn heraufkommen.« Da trat der Spielmann in seinen schmutzigen, verlumpten Kleidern herein, sang vor dem König und seiner Tochter und bat, als er fertig war, um eine milde Gabe. Der König sprach: »Dein Gesang hat mir so wohl gefallen, dass ich dir meine Tochter da zur Frau geben will.« Die Königstochter erschrak, aber der König sagte: »Ich habe den Eid getan, dich dem ersten besten Bettelmann zu geben, den will ich auch halten.« Es half keine Einrede, der Pfarrer ward geholt, und sie musste sich gleich mit dem Spielmann trauen lassen. Als das geschehen war, sprach der König: »Nun schickt sich's nicht, dass du als ein Bettelweib noch länger in meinem Schloss bleibst, du kannst nun mit deinem Manne fortziehen.«

Der Bettelmann führte sie an der Hand hinaus, und sie musste mit ihm zu Fuß fortgehen. Als sie in einen großen Wald kamen, da fragte sie:

»Ach, wem gehört der schöne Wald?«
»Der gehört dem König Drosselbart.
Hättst du' n genommen, so wär' er dein.«
»Ich arme Jungfer zart, ach,
hätt' ich genommen den König Drosselbart!«

Darauf kamen sie über eine Wiese, da fragte sie wieder:

»Wem gehört die schöne grüne Wiese?«
»Die gehört dem König Drosselbart.
Hättst du' n genommen, so wär' sie dein.«
»Ich arme Jungfer zart, ach,
hätt' ich genommen den König Drosselbart!«

Dann kamen sie durch eine große Stadt, da fragte sie wieder:

»Wem gehört diese schöne große Stadt?«
»Sie gehört dem König Drosselbart.
Hättst du' n genommen, so wär' sie dein.«
»Ich arme Jungfer zart, ach,
hätt' ich genommen den König Drosselbart!«

»Es gefällt mir gar nicht«, sprach der Spielmann, »dass du dir immer einen andern zum Mann wünschest – bin ich dir nicht gut genug?«

Endlich kamen sie an ein ganz kleines Häuschen, da sprach sie:

»Ach Gott, was ist das Haus so klein!
Wem mag das elende winzige Häuschen sein?«

Der Spielmann antwortete: »Das ist mein und dein Haus, wo wir zusammen wohnen.« Sie musste sich bücken, damit sie zu der niedrigen Tür hineinkam. »Wo sind die Diener?«, sprach die Königstochter.

»Was Diener!«, antwortete der Bettelmann. »Du musst selber tun, was du willst getan haben. Mach nur gleich Feuer an und stell Wasser auf, dass du mir mein Essen kochst; ich bin ganz müde.« Die Königstochter verstand aber nichts vom Feueranmachen und Kochen, und der Bettelmann musste selber mit Hand anlegen, dass es noch so leidlich ging. Als sie die schmale Kost verzehrt hatten, legten sie sich zu Bett – aber am Morgen trieb er sie schon ganz früh heraus, weil sie das Haus besorgen sollte. Ein paar Tage lebten sie auf diese Art schlecht und recht und zehrten ihren Vorrat auf.

Da sprach der Mann: »Frau, so geht's nicht länger, dass wir hier zehren und nichts verdienen. Du sollst Körbe flechten.« Er ging aus, schnitt Weiden und brachte sie heim. Da fing sie an zu flechten, aber die harten Weiden stachen ihr die zarten Hände wund. »Ich sehe, das geht nicht«, sprach der Mann, »spinn lieber, vielleicht kannst du das besser.« Sie setzte sich hin und versuchte zu spinnen, aber der harte

Faden schnitt ihr bald in die weichen Finger, dass das Blut daran herunterlief.

»Siehst du«, sprach der Mann, »du taugst zu keiner Arbeit, mit dir bin ich schlimm angekommen. Nun will ich's versuchen und einen Handel mit Töpfen und irdenem Geschirr anfangen; du sollst dich auf den Markt setzen und die Ware feilhalten.« – Ach, dachte sie, wenn auf den Markt Leute aus meines Vaters Reich kommen und sehen mich da sitzen und feilhalten, wie werden sie mich verspotten!

Aber es half nichts, sie musste sich fügen, wenn sie nicht Hungers sterben wollten. Das erste Mal ging's gut, denn die Leute kauften der Frau, weil sie schön war, gern ihre Ware ab und bezahlten, was sie forderte – ja, viele gaben ihr das Geld und ließen ihr die Töpfe noch dazu. Nun lebten sie von dem Erworbenen, solang es dauerte, da handelte der Mann wieder eine Menge neues Geschirr ein. Sie setzte sich damit an eine Ecke des Marktes und stellte es um sich her und hielt feil.

Da kam plötzlich ein trunkener Husar dahergejagt und ritt geradezu in die Töpfe hinein, dass alles in tausend Scherben zersprang. Sie fing an zu weinen und wusste vor Angst nicht, was sie anfangen sollte. »Ach, wie wird mir's ergehen!«, rief sie. »Was wird mein Mann dazu sagen!« Sie lief heim und erzählte ihm das Unglück. »Wer setzt sich auch an die Ecke des Marktes mit irdenem Geschirr!«, sprach der Mann. »Lass nur das Weinen, ich sehe wohl, du bist zu keiner ordentlichen Arbeit zu gebrauchen. Da bin ich in unseres Königs Schloss gewesen und habe gefragt, ob sie nicht eine Küchenmagd brauchen könnten, und sie haben mir versprochen, sie wollten dich dazu nehmen; dafür bekommst du freies Essen.«

Nun ward die Königstochter eine Küchenmagd, musste dem Koch zur Hand gehen und die sauerste Arbeit tun. Sie machte sich in beiden Taschen ein Töpfchen fest, darin brachte sie nach Haus, was ihr von dem Übriggebliebenen zuteilward, und davon nährten sie sich. Es trug sich zu, dass die Hochzeit des ältesten Königssohnes sollte gefeiert werden; da ging die arme Frau hinauf, stellte sich vor die Saaltüre und wollte zusehen. Als nun die Lichter angezündet waren und immer einer schöner als der andere hereintrat und alles voll Pracht und Herrlichkeit war, da dachte sie mit betrübtem Herzen an ihr Schicksal und verwünschte ihren Stolz und Übermut, der sie erniedrigt und in so große Armut gestürzt hatte. Von den köstlichen Speisen, die da ein- und ausgetragen wurden und von welchen der Geruch zu ihr aufstieg, warfen ihr die Diener manchmal ein paar Brocken zu, die tat sie in ihr Töpfchen und wollte es heimtragen.

Auf einmal trat der Königssohn herein, war in Samt und Seide gekleidet und hatte goldene Ketten um den Hals. Und als er die schöne Frau in der Türe stehen sah, ergriff er sie bei der Hand und wollte mit ihr tanzen, aber sie weigerte sich und erschrak, denn sie sah, dass es der König Drosselbart war, der um sie gefreit und den sie mit Spott abgewiesen hatte. Ihr Sträuben half nichts, er zog sie in den Saal – da zerriss das Band, an welchem die Taschen hingen, und die Töpfe fielen heraus, dass die Suppe floss und die Brocken umhersprangen. Und wie das die Leute sahen, entstand ein allgemeines Gelächter und Spotten, und sie war so beschämt, dass sie sich lieber tausend Klafter unter die Erde gewünscht hätte.

Sie sprang zur Türe hinaus und wollte entfliehen, aber auf der Treppe holte sie ein Mann ein und brachte sie zurück, und wie sie ihn ansah, war es wieder der König Drosselbart. Er sprach ihr freundlich zu:

»Fürchte dich nicht, ich und der Spielmann, der mit dir in dem elenden Häuschen gewohnt hat, sind eins – dir zuliebe habe ich mich so verstellt, und der Husar, der dir die Töpfe entzweigeritten hat, bin ich auch gewesen. Das alles ist geschehen, um deinen stolzen Sinn zu beugen und dich für deinen Hochmut zu strafen, womit du mich verspottet hast.«

Da weinte sie bitterlich und sagte: »Ich habe großes Unrecht gehabt und bin nicht wert, deine Frau zu sein.« Er aber sprach: »Tröste dich, die bösen Tage sind vorüber, jetzt wollen wir unsere Hochzeit feiern.« Da kamen die Kammerfrauen und taten ihr die prächtigsten Kleider an, und ihr Vater kam und der ganze Hof und wünschten ihr Glück zu ihrer Vermählung mit dem König Drosselbart, und die rechte Freude fing jetzt erst an. Ich wollte, du und ich, wir wären auch dabei gewesen.

****

Märchen sind nicht zuletzt deshalb heute noch beliebt, weil sie zeitlose Wahrheiten in farbige, einfache Geschichten kleiden. Diese Erzählung schildert nicht nur das Problem, sie liefert auch gleichzeitig den Lösungsansatz, wenn eine Person nicht bereit ist, einen aktiven und konstruktiven Beitrag zu leisten, sondern durch Verweigerung, Spott und Kritik eine Regelung verhindert.

Betrachten wir das destruktive Verhalten, wie es durch die Prinzessin gelebt wird. Es könnte ja tatsächlich sein, dass ihr der erste Freier nicht gefällt, vielleicht sogar auch noch der zweite nicht. Aber dass sie alle sieben Vorschläge ablehnt, selbst den besten, König Drosselbart, nicht haben will, entlarvt sie als notorische Nein-Sagerin.

Wie in diesem Märchen baut sich der Konflikt langsam auf. Die ersten und zweiten Neins sind vielleicht noch begründbar. Erst langsam und schleichend begreift das Gegenüber, dass sein Partner, seine Partnerin gar keine Lösung will. Das Nein, mal als Spott vorgetragen, mal als Gejammer, ist ein Machtmittel, den anderen so unter Druck zu setzen, dass er verzweifelt nach neuen Ideen sucht, um einen passenden Vorschlag zu machen. Doch er kann Ideen entwickeln, so viel er will. Jedes Angebot wird durch ein nicht erfüllbares Kriterium zunichtegemacht.

Im Alltag drücken sich die Neins durch Formulierungen wie »zu teuer«, »die falsche Farbe«, »zu alt« oder »zu jung«, »nicht sicher genug«, »zu langweilig«, »zu weit«, »der falsche Zeitpunkt«, »gefällt mir nicht«, »kann ich jetzt nicht entscheiden«, »das ist hässlich«, »ich muss X fragen« und so weiter und so fort aus.

Wird durch einen Alternativvorschlag eine Entweder-Oder-Lösung angeboten, was in konfliktarmen Gesprächen, wie zum Beispiel im Verkauf, sehr wirkungsvoll zu einer klaren Entscheidung führt, so zieht sich der Nein-Sager mit der bissigen Frage »Warum muss immer ich entscheiden?« aus der Schlinge.

Sie: »Über Ostern würde ich gern einen Städtereise unternehmen.«
Er: »Ostern? Mit den vielen Leuten?«
Sie: »Schatz, wohin fährst du lieber: nach Paris oder Rom?«
Er: »Wieso muss ich das entscheiden?«

Sie: »Ich habe gedacht, du bevorzugst eine der beiden Städte.«

Er: »Nein! Wohin möchtest du denn?«

Sie: »Rom würde mir gefallen!«

Er: »Rom!? Mit all dem Lärm und den vielen Leuten. Rom sehe ich nicht.«

Sie: »Dann halt Paris. Paris ist auch nicht schlecht!«

Er: »Paris ist mir zu teuer!«

Sie: »Wohin möchtest denn du am liebsten?«

Er: »Wieso muss ich das wissen? Du willst ja verreisen.«

Die Chance, sich auf eine Stadt zu einigen, sinkt mit jedem abgeschmetterten Vorschlag. Er wird für jede Idee eine kreative, aber leider negative Antwort wissen. Am Schluss werden sie zu Hause bleiben. Er hat gewonnen, denn es ist ihm gelungen, sie so zu frustrieren, dass sie aufgibt.

Städtereisen sind damit für längere Zeit kein Thema mehr. Denn er selbst darf die Idee einer Städtereise nicht übernehmen – er würde ja zugeben, dass er den Einfall seiner Partnerin gut findet und kopiert. Eigene konstruktive Vorschläge für einen Trip ins Ausland wird er keine machen, um nicht selbst in die »Nein-Falle« der Partnerin zu tappen. Folglich wird er genügend Argumente finden, um Ostereier zu Hause zu verstecken.

Die Nein-Sager bleiben selbst dann kritisch, wenn sie einmal nachgeben, weil ein Vorschlag eines Partners oder einer Partnerin so verlockend ist und sie sich bei einer Verweigerung selbst bestrafen würden. Aber bei der kleinsten Unvollkommenheit weisen sie sofort darauf hin, dass man halt doch hätte anders entscheiden müssen. Damit erreichen sie, den Partner, die Partnerin wieder im Selbstwertgefühl herabzusetzen.

Wer mit einem solchen Menschen zusammenlebt, verliert mit der Zeit jeden Schwung, jede Begeisterung für Neues. Seine fantasievollen Vorstellungen werden eine nach der anderen wie Federn gerupft – am Schluss findet er oder sie sich in einem traurigen Zustand wieder: resigniert, durch das Dominanzverhalten des Nörglers zermürbt und letztlich nicht mehr fähig, mutig und schwungvoll Entscheidungen zu treffen.

Lösung

Wie lässt sich eine solche im Kern nur auf Destruktion ausgerichtete Haltung durchbrechen? Das Tragische an den Nein-Sagern ist der Umstand, dass sie sich ihrer negativen Haltung gar nicht bewusst sind. Es ist in den seltensten Fällen pure Bösartigkeit. Vielmehr ist es ihr sehr wirksames taktisches Konzept, die Dominanz über den Partner, die Partnerin zu behalten.

König Drosselbart in unserem Märchen zeigt den Weg, wie ein Konflikt mit einem Nein-Sager gelöst werden kann. Er lässt die Prinzessin selber Entscheidungen treffen, auch wenn er dadurch im Moment Nachteile in Kauf nehmen muss. »Wo sind die Diener?«, sprach die Königstochter. »Was Diener!«, antwortete der Bettelmann. »*Du musst selber tun, was du willst getan haben.* Mach nur gleich Feuer an und stell Wasser auf, dass du mir mein Essen kochst; ich bin ganz müde!«

In diesem Satz ist die ganze Lösung des Konflikts ausgedrückt. Es sind drei Elemente, die diesen durchbrechen:

Nicht erpressbar sein

Lassen Sie sich weder nötigen noch erpressen! Da der Nein-Sager die Mitmenschen als seine Diener anschaut, die ihm *seine* Wünsche nach *seinen* Vorstellungen und nach *seinem* Bewertungsmuster zu erfüllen haben, versucht er, seinen Partner, seine Partnerin zum Kuli zu degradieren. König Drosselbart tritt als Bettler auf. Das heißt, er besitzt nichts, das er verlieren könnte; damit ist er nicht mehr erpressbar und kann den versuchten Nötigungen gelassen entgegensehen.

Deutlich signalisieren, dass der Nein-Sager selber Vorschläge und Ideen einbringen soll

Machen Sie dem Nein-Sager deutlich, dass er bis jetzt keine Vorschläge und Ideen eingebracht hat, sondern nur Kritik. Fordern Sie ihn auf, selbst Ideen zu formulieren. Bestehen Sie darauf, bleiben Sie konsequent und machen Sie keinen Vorschlag, solange der andere nicht konstruktive Vorschläge eingebracht hat.

»Ich bin ganz müde«, sagt der königliche Bettler, was so viel bedeutet wie: Ich habe zurzeit keine Energien, Ideen und Vorschläge zu entwickeln und langwierige Diskussionen zu führen. Folglich wird der Nein-Sager sich selbst überlassen. Da keine Entscheidungen zur Ablehnung anstehen, hat er keinen konkreten Konfliktansatz mehr. Das Negativkonzept hungert aus.

Dem Nein-Sager keine Angriffsfläche bieten

Beharren Sie darauf, dass der andere sich eindeutig festlegt! König Drosselbart fordert von der Prinzessin, selbst zu handeln und alle elementaren Entscheidungen selbst zu tref-

fen. Der Nein-Sager soll nicht mehr mit Vorgaben des Partners, der Partnerin rechnen können, die er wieder zerzaust.
Damit wird er auch gezwungen zu wissen, »*was du willst
getan haben*«, was so viel bedeutet wie: Er muss sich selbst
festlegen, muss selbst Angriffsfläche bieten und kann sich
nicht hinter seinem Nein verbergen.

Auch wenn in den Märchen die wundersame Veränderung
zum Besseren meistens sofort vollzogen wird, sind Negativ-
menschen auch im Märchen sehr schwer von ihrem Denken
abzubringen. Darum braucht es bei diesem Verhalten auch
mehr als einen Anlauf. Bei der zweiten Auseinandersetzung
muss König Drosselbart als Husar sogar »Geschirr zerschla-
gen«, um der Prinzessin ihr negatives Verhalten deutlich
vor Augen zu führen. Um den Teufelskreis des destruktiven
Gebarens des Nein-Sagers zu durchbrechen, ist eine konsequente, gradlinige Verhaltensweise nötig.

Ohne sie wird es keine nachhaltige Veränderung geben,
denn wir erliegen zu rasch der Illusion, mit einer guten Idee
ließe sich das Problem doch lösen. Da es aber den »richtigen«
Vorschlag nicht geben kann, solange der Nein-Sager bei seinem Konzept bleibt, hilft nur das beharrliche Durchsetzen
der oben aufgeführten drei Punkte.

Lieber das bekannte Unglück
als das unbekannte Glück?

Ein echter Konflikt schwelt meistens lange Zeit, bis er ausbricht. Obwohl alle Betroffenen zugeben, schon lange um
den unglückseligen Zustand gewusst zu haben, scheuen sie

sich, das Kind beim Namen zu nennen. Sie verhalten sich passiv und hoffen, der liebe Gotte möge – o Wunder! – diesen unangenehmen Zustand einfach auflösen.

Darum beginnt in den allermeisten Fällen die Bewältigung nicht mit aktivem Handeln oder einem ersten Gespräch, sondern mit Ausweichen vor jeder Konfrontation und Vermeiden jeglicher Provokation, die das latente Problem auf den Tisch bringen würde.

Es gibt drei Gründe, warum es so vielen Menschen schwerfällt, einen Konflikt anzusprechen und aktiv angehen zu wollen:

- Der erste Grund ist die **Angst** vor der wahrscheinlichen Veränderung.
- Der zweite Grund liegt in der **Unfähigkeit,** die Konfliktursache richtig zu benennen.
- Der dritte Grund ist die **Hilflosigkeit,** das richtige Vorgehen zur Lösung zu finden.

Die Angst vor der Veränderung

Monika ärgert sich sehr häufig über Fred. Er ist zu dick. Er tut nicht das, was ihrer Meinung nach schon längst hätte tun müssen: Er macht zu wenig Sport und ist überhaupt zu wenig dynamisch. Beruflich ist er recht erfolgreich, aber dafür hat er nie Zeit für sie. Sie unternehmen nur noch wenig gemeinsam. Seine Körperfülle empfindet Monika nicht als besonders erotisierend, was dem ehelichen Liebesleben nicht gerade förderlich ist. Sie ist von der Art und Weise dieses Zusammenlebens enttäuscht. Sie möchte eine Veränderung, fürchtet sich aber vor den Konsequenzen, die ein offen ausgetragener Konflikt haben könnte. Deshalb reagiert sie ihre Frustration besonders oft in Anwesenheit von Dritten ab. Wenn er zum Beispiel in einer Gesprächs-runde seine Ansicht einbringt, dann quittiert sie prompt seine Aussage mit Ironie und Spott. Bekannte und Freunde wundern sich, wie man so einen Druck aushalten kann. Er aber erträgt alles, redet stolz von »seiner Frau« und wehrt sich kaum, wenn sie ihm wieder Vorwürfe macht und ihn kritisiert. Er schaut dann zuweilen etwas belämmert drein und schweigt. Das Leben mit Monika ist beileibe kein Zu-ckerlecken, aber ein Leben ohne Monika wäre für ihn noch schlimmer. »Ich habe mich daran gewöhnt«, sagt er achsel-zuckend.

»Veränderungen gelten als unnötig, unbequem und gefährlich«

In den Köpfen vieler Menschen sind Veränderungen ris-kant. Sie bringen Unsicherheit, Unbequemlichkeiten und kosten viel Kraft. Zudem geben sie keine Garantie für eine echte Verbesserung. Solange sich das Elend ertragen lässt, gibt es offenbar keinen Grund, etwas zu ändern.

Die Ungewissheit ist Anlass genug für viele – besonders für Männer –, Konflikte, gerade im zwischenmenschlichen Bereich, ganz zögerlich anzugehen. Sie wollen das Kind nicht mit dem Bad ausschütten. Sie wissen, dass Konflikte immer Vorboten von Veränderungen sind. Da Veränderungen mit unberechenbaren Folgen verbunden sind, sind sie zu vermei-den. Darum, so ihre logische Folgerung, sind Konflikte per se schlecht. Zudem bergen Konflikte die Möglichkeit, mit urtümlicher Gewalt und ohne Rücksicht auf Verluste Veränderungen zu provozieren, die weder erwünscht noch kontrollierbar sind, so die Überzeugung der Konfliktscheuen. Zu radikal erscheinen dann die »Lösungen« – und das macht Angst.

»Konfliktscheue haben Angst
vor den Konsequenzen; sie überschätzen
den vermeintlichen Schaden, der durch
eine Konfrontation entstehen kann«

Aber anstatt dieser Bedrohung mutig entgegenzutreten, wird der Kopf in den Sand gesteckt und der Konflikt als kleine, vorübergehende Störung der Harmonie verharmlost. Vor lauter Konfliktangst verhalten sie sich wie Lämmer. Sie sehen zwar den Wolf, aber sie reden sich ein, dass er es bestimmt nicht böse meint. Sich ruhig verhalten, lautet die Devise. »Es ist nur vorübergehend. Es wird sicher wieder gut. Geduld, Geduld! Man muss positiv denken!« wird zum Alibi, um den Konflikt auszusitzen. Jeder Ansatz eines Ausbruchs von Aggressionen wird schnell besänftigt oder schweigend erduldet.

In einem Internet-Forum bringt es eine junge Frau mit dem Pseudonym »Marie 73« auf den Punkt: »Das einzige, was ich sagen kann, ist, dass viele (besonders Männer!) leider unter dem ›Schluck-runter-bis-du-platzt-Syndrom‹ leiden, das heißt, sie sehen die Probleme klar, vermissen etwas, fühlen sich unterdrückt, ignoriert, oder, oder, oder, aber anstatt darüber zu reden, schleppen sie es mit sich herum und weichen einer echten Konfrontation aus.«

Um es ja nicht zum drohenden Showdown kommen zu

lassen, klammert man sich an jedes noch so kleine positive Zeichen in der Hoffnung, dass es doch noch gut wird, ohne dass man sich dem Konflikt stellen muss.

Chrissy, eine junge Frau mit zwei Kindern, beschreibt diesen Zustand wie folgt: »Ich habe so tierische Angst vor diesem Schritt. Auch meine Kids spüren, dass es mir manchmal nicht gut geht. Ich habe das Gefühl, diese Ehe macht mich krank. Aber ich bin einfach unsicher, ob ich nicht zu früh aufgebe. Seit fünf (!) Jahren mache ich das mit!«

Mit »Den-Kopf-in-den-Sand-Stecken« wird der Konflikt verdrängt – aber nicht gelöst. Er köchelt mal stärker, mal schwächer, vor sich hin. Oft führt dieses Verhalten zu Scheinlösungen, wie sie Chrissy in ihrem Bericht schildert: *»Wir reden nicht mehr wirklich miteinander. Wir gehen wie zwei Fremde miteinander um, keine Berührungen, kein nettes Wort.«*
Äußerlich kehrt Ruhe ein, man funktioniert. Die Konfliktenergie aber wendet sich nach innen und zerstört Lebensfreude und Vitalität.

Es gehört zu den seltsamen Eigenheiten des Menschen, dass der Konfliktfreudige für den Konfliktvermeider, der leidend alles erträgt, nicht etwa Mitleid entwickelt. Im Gegenteil. Die wehrlose Haltung erzeugt Verachtung und steigert seine Wut. Die Anschuldigungen, Vorwürfe, Kritik und zynischen Bemerkungen werden immer giftiger, immer heftiger und können dabei leicht die Grenze des Anstands und der Fairness weit überschreiten. Der streitbare Mensch unterschätzt in seinem Zorn die zerstörerische Wirkung seiner

Angriffe. Er will sich und seine Vorstellungen durchsetzen, koste es, was es wolle.

»Konfliktfreudige Menschen unterschätzen die große zerstörerische Wirkung ungehemmter Angriffe«

Der Konfliktscheue wird dann zum Sandsack, auf den der Aggressive im Stile eines Boxers mit Wucht und hoher Kadenz einprügelt. Er steckt geduldig ein, immer in der Hoffnung, der Boxer ermüde und erkenne, dass seine Schläge nichts bewirken. Er hofft zudem, der Konfliktfreudige möge endlich die Einsicht gewinnen, wie unfair und ungerecht sein Verhalten ist.

Es mag sein, dass der kämpferisch Handelnde irgendwann aufgibt. Aber anstelle weiser Erkenntnisse und kluger Gesprächsführung treten nichts als kalte Wut und Hass auf die Sprachlosigkeit des hilflosen Gegenübers. Die ständigen Reibereien nehmen kein Ende.

Darum ist Ausweichen keine Lösung. Alles über sich ergehen zu lassen, wirkt sehr provozierend, wenn geredet und auch (endlich) dagegengehalten werden sollte. Es bewirkt ein Ohnmachtsgefühl bei demjenigen, der den Konflikt lösen und Veränderungen herbeiführen möchte. Deshalb erhöht dieser seinen Druck und wird noch giftiger und aggressiver. Als Folge davon zieht sich der Vermeider noch mehr in sich zurück und lässt sich weiterhin piesacken.

Wie lässt sich diese Situation lösen? Es gibt zwei Ansätze, das Gespräch zur Konfliktbewältigung zu reaktivieren.

Der erste Lösungsansatz gilt für Personen, die möchten,

dass der Partner, die Partnerin seine/ihre Befindlichkeit ausdrückt, seine/ihre Sicht der Dinge ausspricht und aktiv zu Lösungen beiträgt.

Der zweite Lösungsansatz ist für »Vermeider«, die das Gespräch fürchten und einen Weg suchen, der eine faire Diskussion überhaupt ermöglicht.

Lösung für Konfliktfreudige

Denken Sie bitte über folgende Fragen nach:

- Wie schaffe ich es, dass mein Partner, meine Partnerin sich offen und ehrlich äußert?
- Was sage ich zu meinem Partner, meiner Partnerin, wenn ich ihn/sie in die Mangel nehme?
- In welchem Tonfall sage ich es?
- Wie stark kritisiere ich ihn/sie?
- Was stört mich an der heutigen Situation? Was genau möchte ich verändern?
- Wie viel Schuld trägt er/sie an der heutigen Situation? Welchen Anteil habe ich selbst daran?
- Bin ich bereit, die (vielleicht auch unangenehme) Meinung meines Partners, meiner Partnerin anzuhören und darüber nachzudenken, ohne gleich selbst heftig zu reagieren?

»Alles still zu ertragen, wirkt provozierend,
wenn eine Reaktion erwartet wird«

Zehn Spielregeln für ein faires Gespräch für kämpferische Partner oder Partnerinnen:

Wenn Sie das Gespräch mit Ihrem Partner, Ihrer Partnerin suchen, machen Sie deutlich, dass Sie willens sind, folgende Spielregeln einzuhalten:

- Ich fordere ihn/sie auf, sich zur Konfliktsituation zu äußern, indem ich seine/ihre Meinung erfrage. (Bitte keine Suggestivfragen wie: »Es ist doch so!«, sondern offene Fragen stellen wie: »Wie siehst du …? Was ist aus deiner Sicht …?«)
- Ich halte mich mit meiner Meinung und mit meinen Kommentaren zurück.
- Ich höre zu und lasse ihn/sie ausreden!
- Ich antworte ehrlich, offen und fair. Das heißt, ich gebrauche keine verletzenden Worte!
- Ich stelle zu seinen/ihren Aussagen ergänzende Fragen, um sicher zu sein, ihn/sie richtig verstanden zu haben.
- Ich lasse alle Beschuldigungen und Vorwürfe weg.
- Ich lasse ihm/ihr Raum und Zeit, seine/ihre Gefühle in Worte zu fassen. Ich falle ihm/ihr nicht ins Wort und versuche, seine/ihre Sicht der Dinge zu verstehen, ohne zu urteilen!
- Ich unterlasse alle zynischen oder lieblosen Zwischenbemerkungen und körperlichen Signale wie Kopfschütteln, Grimassenschneiden und so weiter.
- Ich verzichte darauf, das letzte Wort zu haben.
- Ich lasse ihn/sie spüren, dass ich dankbar für das gute Gespräch bin.

Lösung für Konfliktscheue

Denken Sie bitte über folgende Fragen nach:
- Wie schaffe ich es, dass mein Partner, meine Partnerin mir zuhört, ohne mich gleich anzugreifen?
- Warum genau ziehe ich mich in mein Schneckenhaus zurück?

- Was befürchte ich, wenn ich selbst klar und deutlich Stellung beziehe?
- Was stört mich an der heutigen Situation? Was möchte ich gerne verändern?
- Wie viel Schuld trägt er/sie an der heutigen Situation? Welchen Anteil habe ich selbst daran?

Die zehn Spielregeln für ein faires Gespräch für schweigende Partner oder Partnerinnen:

Wenn Sie das Gespräch mit Ihrem Partner, Ihrer Partnerin suchen, machen Sie deutlich, dass Sie willens sind, folgende Spielregeln einzuhalten:

- Ich äußere mich klar und deutlich zur Konfliktsituation und drücke meine Meinung und meine (verletzten) Gefühle verständlich aus. Ich frage nach, ob er/sie mich verstanden hat und meine Empfindungen nachvollziehen kann.
- Ich bitte ihn/sie, mich ausreden zu lassen, wenn ich unterbrochen werde.
- Ich höre zu und lasse ihn/sie ebenfalls ausreden!
- Ich bin mutig und antworte ehrlich und offen.
- Ich stelle zu seinen/ihren Aussagen ergänzende Fragen, um sicher zu sein, ihn/sie richtig verstanden zu haben.
- Ich bin fair. Ich lasse alle Beschuldigungen und Vorwürfe weg. Das heißt, ich verzichte auf Revanche und gebrauche selbst keine verletzenden Worte oder Bezeichnungen!
- Ich bitte um Zeit, wenn es mir schwerfällt, meine Gefühle in Worte zu fassen, und versuche, mich klar und eindeutig auszudrücken!
- Ich unterlasse alle zynischen oder lieblosen Zwischenbemerkungen und körperlichen Signale wie Kopfschütteln, Grimassenschneiden und so weiter.

- Ich schlage vor, auch in Zukunft nach gemeinsam festgelegten Spielregeln miteinander umzugehen und zu diskutieren.
- Ich lasse ihn/sie spüren, dass ich dankbar bin für das gute Gespräch.

Es braucht Mut, nicht alles zu schlucken und sich der Konfrontation zu stellen. Es braucht Mut, sein oft jahrelanges Verhalten plötzlich zu ändern. Aber der Gewinn ist eine Stärkung des Selbstwertgefühls und der Wertschätzung für die ganze Person. Das verschafft nicht nur Achtung beim Gegenüber, sondern – und das ist entscheidend – Achtung vor sich selbst!

Hunde, die bellen ...

Konflikte müssen nicht immer tatsächlich stattfinden, oft reicht es, so zu tun, als ob, um den anderen zum Einlenken zu bewegen. Tiere nützen dieses Prinzip. Sie setzen Drohgebärden auf, um andere einzuschüchtern. Der Hund bellt und zeigt die Zähne, weil er Angst hat und den anderen in die Flucht schlagen möchte. Beißen ist nur für den Notfall vorgesehen. Darum gilt die Redewendung: Hunde, die bellen, beißen nicht!

Auch Menschen neigen dazu, sich ähnlich zu verhalten. Sobald etwas nicht ihren Vorstellungen entspricht, werden sie laut. Sie jammern, schimpfen oder beschuldigen jemanden, um andere einzuschüchtern. Damit verhindern sie gewissermaßen prophylaktisch, dass sie tatsächlich einen Konflikt austragen müssen. Da »normale« Menschen diese heftigen Reaktionen als Zeichen eines wirklichen Konflikts und eines ausbrechenden Streits werten, reagieren sie sofort beschwichtigend und vor allem nachgebend. Wer will schon um Kinkerlitzchen streiten?

Michael beherrscht dieses Spiel perfekt. Ich bin nicht sicher, ob er es absichtlich betreibt. Da es aber Wirkung zeigt, hat er es sich als bequemes Instrument der Manipulation und Konfliktsteuerung zugelegt. So kann zum Beispiel im Restaurant der simple Wunsch seiner Frau nach einem Glas Rotwein zu der in penetrantem Ton gehaltenen Feststellung führen, dass er (!) heute keinen Wein trinke ... und bestimmt nicht den, den seine Frau gerne bestellen würde! Da allein Wein zu trinken nicht besonders stimmungsvoll ist, sagt sie, um ihn nicht weiter zu reizen: »Dann trinke ich auch keinen Wein! Herr Ober! Bitte ein Wasser!« Sein Ziel ist erreicht. Seine Frau kuscht. Er hat wieder gezeigt, nach wessen Pfeife getanzt wird.

»Wer laut schreit, will einschüchtern, denn meistens fehlen die überzeugenden Argumente«

Die ganze Familie hat sich auf ihn und seine Unberechenbarkeit ausgerichtet und tut alles, um ihn nicht zu erzürnen. Kaum passt ihm etwas nicht, kann er die Hände verwerfen und so tun, als ob tatsächlich ein Riesenkrach anstünde. Allein durch sein Verhalten bringt er die anderen dazu, zu kuschen und das zu tun, was er will.

Warum machen die Familienmitglieder, allen voran seine Frau, das ganze Theater mit? Sie tun es, weil sie *glauben,* einen größeren Schaden, nämlich einen echten Krach mit einer echten Auseinandersetzung, im letzten Moment verhindert zu haben. Sie verzichten auf ihre Wünsche und nehmen die Rücksetzung ihrer Bedürfnisse als das kleinere Übel an. Wie bei einem Hund, der wieder Ruhe gibt, wird auch Michael nachher für sein »wieder lieb sein« belohnt.

Weil das Prinzip des lauten Bellens so gut funktioniert, dreht sich dieses Pseudokonflikt-Karussell immer schön im Kreis: einschüchtern – bekommen, was man wollte – belohnt werden – einschüchtern – und so weiter und so fort.

Lösung

Vielleicht sind Sie mit einem solchen Michael verbunden, oder er ist ihr Vorgesetzter, der bei jeder Kleinigkeit gleich aggressiv und mit Druck reagiert, wobei es nicht nur Männer gibt, die sich so verhalten.

Es kann darum auch sehr gut eine Michaela sein. Wie gelingt es uns, dieses manipulative Vorgehen zu durchbrechen und den Boden für ein normales Gespräch ebnen zu können? Nachfolgendes Vorgehen braucht Mut. Tun Sie es trotzdem, es lohnt sich! Sie haben eine echte Chance, das infantile Machtspiel Ihres Partners, Ihrer Partnerin zu beenden.

Wehren Sie sich!

Überwinden Sie Ihre Konfliktscheu. Wer sich nicht wehrt, wird zum »Blitzableiter und Abfalleimer« für alle Frustrationen und Unpässlichkeiten anderer. Es ist immer wieder erstaunlich, wie sich gerade der empfindliche, streitsüchtige Partner in der Öffentlichkeit sehr zahm und konfliktfähig verhält. Sagen Sie darum Ihrem Partner, Ihrer Partnerin klar und deutlich, dass sie keine Lust haben, sich sein/ihr

Nörgeln, Meckern, Querulieren, Schreien, Beschuldigen anzuhören.

Bleiben Sie stark!

Ertragen Sie es, wenn Ihr Partner, Ihre Partnerin den/die Beleidigte spielt. Es wird sich wieder legen. Bleiben Sie cool und ignorieren Sie sein »Jetzt-bin-ich-aber-böse«-Spiel.

Seien Sie ehrlich!

Sagen Sie Ihrem Partner, Ihrer Partnerin in einem guten Moment und wenn er/sie gut gelaunt ist, offen und ehrlich, dass Sie sein/ihr Streitgebaren nicht schätzen und Sie es für die Beziehung als schädlich erachten. Versichern Sie sich, dass er/sie Ihre Botschaft verstanden hat.

Bleiben Sie konsequent!

Beim nächsten Rückfall erinnern Sie Ihren Partner, Ihre Partnerin an Ihre Aussage und setzen Sie wieder bei Punkt eins an.

Vielleicht braucht es zwei, drei Durchgänge, bis Ihr Partner, Ihre Partnerin Ihnen Ihre neue Haltung abnimmt und mit seinem/ihrem Getue aufhört.

Das liebe Geld

Wenn man verliebt ist, dann ist Geld unbedeutend. »Wir haben doch uns. Was brauchen wir mehr?« Doch so schön es wäre, ohne Geld geht es nicht. Jede Partnerschaft wird irgendwann von diesem Thema eingeholt und muss sich dazu bekennen, welchen Stellenwert für sie das Geld tatsächlich hat. Denn der schnöde Mammon, den man so gern als unwichtig abtun möchte, hat es in sich. Eheberater können es bestätigen: Geld gehört zu den häufigsten Streitpunkten in einer Beziehung. Die Folge davon ist, dass in den USA zwei Drittel aller Ehen an Geldproblemen scheitern. In Europa dürfte dies nicht anders sein.

»Wo Geld ist, da ist der Teufel. Wo kein Geld ist, da ist er zweimal!«, besagt eine irische Lebensweisheit. Die Krux liegt darin, dass letztlich niemand am Geld vorbeikommt. Mit seinen drei Grundfunktionen bestimmt es nachhaltig unser ganzes Leben.

1. Funktion: Mit unserem sauer verdienten Geld bezahlen wir unser tägliches Brot und alles, was wir zum **Überleben** brauchen.

2. Funktion: Wir schützen uns vor einer unsicheren Zukunft, indem wir einen Teil des übrig gebliebenen Geldes zur Seite legen. Das gibt uns materielle **Sicherheit** und lässt uns gut schlafen.

3. Funktion: Wir möchten ja nicht nur leben, um zu arbeiten, sondern arbeiten, um gut zu leben. Darum soll auch ein Teil des Geldes, das uns zur Verfügung steht, vor allem für Freizeit, Vergnügen, Luxus und unser Prestige, also um andere zu beeindrucken, ausgegeben werden können. Kurz gesagt, dieses Geld sollte unserer **Lebensfreude** dienen.

Der Streitpunkt in einer Partnerschaft liegt darin, dass nicht alle die Prioritäten beim Geldausgeben gleich setzen.

Zu welchen Anteilen wir unser Geld für welche der drei Funktionen hauptsächlich gebrauchen, hängt von unserem Charakter und unserem Lebensstil ab. So gehörte zum Beispiel der englische Dichter Oscar Wilde zu den Menschen, die ihr Geld vornehmlich für Genuss und Lebensfreude (3. Funktion) ausgaben. Als ihm die jährlichen Tantiemen für seine Bücher und Theaterstücke ausbezahlt wurden, rief er aus: »Mein Gott! Das reicht für den Champagner. Aber wovon soll ich leben?«

»Konflikte um Geld entstehen durch unterschiedliche Prioritäten beim Geldausgeben«

Jeder Mensch gewichtet die Hauptfunktion des Geldes nach seinen Vorstellungen. Für die einen ist, sowenig Geld als möglich zu verbrauchen, nach Schnäppchen zu jagen und sich nichts zu gönnen, ein echtes Hobby. Sie fahren sogar dreißig Kilometer weit, um ein Cent günstiger zu tanken. Andere legen jeden Euro auf die hohe Kante. Sie sparen für schlechte Zeiten. Sie leben nach dem Motto: »Spare in der Zeit, dann hast du in der Not!« Aber selbst in der Not sind sie nicht sicher, ob die Not nicht noch viel schlimmer werden könnte. Berühmt wurde die stadtbekannte Bettlerin in Paris, deren Erspartes man nach ihrem Ableben in ihrer Matratze fand. Sie war vollgestopft mit mehreren Millionen Franc ...

Wer selbst sehr sparsam und kostenbewusst lebt, also die Funktion zwei (»Sicherheit schaffen durch Sparen«) für besonders wichtig hält, der wird sich mit einem Partner, einer Partnerin, der/die das Geld gern in Champagner investiert, sicher schwertun.

Das war zum Beispiel bei Mathilda der Fall. Sie wusste nicht, mit was sie das tägliche Essen bezahlen sollte. Ihr arbeitsloser Mann Freddy hingegen kaufte aus dem sehr knappen Unterstützungsgeld einen schönen Blumenstrauß für sie. Er wollte ihr seine Liebe zeigen und sie über diese schwere Zeit hinwegtrösten.

Darum war er von ihrem »kleinkarierten Denken« enttäuscht, als sie ihm nicht vor Freude um den Hals fiel, sondern die Blumen mit zynischen Bemerkungen entgegennahm. Sie wiederum verzweifelte an seiner Naivität und seinem Leichtsinn. Streit war die logische Folge. Bald ließen nicht nur die Blumen die Köpfe hängen ...

Wenn in einer Beziehung beide Geld verdienen, dann führt oft die Frage, wer wie viel zum gemeinsamen Lebensunterhalt beitragen soll, zu Streit. Der Geizige wird danach trachten, möglichst viel für sich behalten zu können. Der Großzügige fühlt sich bald einmal ausgenutzt.

Ehetherapeuten und -therapeutinnen weisen darauf hin, dass es oft die Partnerinnen sind, die ihr selbstverdientes Geld mehrheitlich für sich ausgeben wollen, und nicht bereit sind, einen angemessenen Anteil in die gemeinsame Kasse zu legen. Gut verdienende Partner sehen gern darüber hinweg, denn es schmeichelt ihrer Männlichkeit zu beweisen, wie souverän sie in der Lage sind, den gemeinsamen Lebensunterhalt zu finanzieren. Ändert sich aber ihre Großzügigkeit und fordern sie einen gleichwertigen Anteil von ihrer Partnerin, dann sind die wenigsten bereit, anstelle des selbst finanzierten Luxus nun plötzlich Geld für Versicherungen, Toilettenpapier und Reparaturen zu opfern.

Kleinliche Auf- und Abrechnungen werden aufgestellt,

und es wird darüber gestritten, wer welche Leistungen erbringt und was diese wert sind.

Lösung zum Thema Geld

Es lohnt sich, mit dem Partner, der Partnerin folgende Fragen durchzusprechen und gemeinsam aufzuschreiben, welche Mittel für was verwendet werden können und sollen:

- Wie viel Geld haben wir monatlich zur Verfügung?
- Wie hoch sind unsere monatlichen Fixkosten (Miete, Steuern, Auto, Essen, Kleider, Telefon, Versicherungen usw.)?
- Was bleibt übrig? Was wollen wir damit tun? Wie viel davon wollen wir
    a) sparen,
    b) zurücklegen für eine besondere Anschafffung (Haus, Auto, Boot, Urlaub usw.),
    c) jemanden unterstützen (Spenden, Sponsoring usw.)?
- Wofür geben wir zu viel Geld aus (Anschaffungen für Hobby, Freizeit, Schmuck, Kleider, Auto usw.)?
- Wofür sollten wir mehr Geld investieren (Steigerung der Lebensqualität, Sparen, Rücklage für besondere Anschaffungen usw.)?
- Wofür gebe ich selbst unnötig viel Geld aus?
- Wofür gibt mein Partner, meine Partnerin unnötig viel Geld aus?
- Über wie viel Geld soll jeder (z.B. monatlich) frei verfügen können?
- Wer betreut in Zukunft die Finanzen (Umgang mit Banken, Finanzamt usw.)?

»Über Geld spricht man nicht!« mag zu Zeiten unserer Großeltern Tradition gewesen sein. Es ist aber heute weder zeitgemäß noch Ausdruck einer modernen Partnerschaft. Eine mündige Beziehung zeichnet sich unter anderem durch die Offenlegung aller Einnahmen und Ausgaben aus sowie eine gemeinsam getroffene Übereinkunft, wie das zur Verfügung stehende Geld verwendet werden soll. Ein transparentes Budget hilft mit, Konflikte in Geldsachen gar nicht erst aufkommen zu lassen.

Wer zahlt, befiehlt ...

Neben den unterschiedlichen Vorstellungen, wozu das Geld ausgegeben werden sollte und wozu nicht, ist dessen Einsatz als Machtmittel in einer Partnerschaft ein zweiter Konfliktgrund.

Wer über das Geld verfügt, kann bestimmen. In unserer Gesellschaft ist immer noch die Mehrzahl der Ehemänner Hauptverdiener. Sie bestimmen denn auch, wie viel und wofür das Geld, das sie nach Hause bringen, verwendet werden soll. Noch heute ist es zum Beispiel weit verbreitet, dass der Mann allein entscheidet, welches Auto angeschafft wird. Wenn die Partnerin einen Wunsch äußert, dann wird er vielleicht als Anregung entgegengenommen.

Die Entscheidung aber behält sich der Mann vor, mit so traditionellen Argumenten wie »Du verstehst nichts davon« oder »Ich verdiene schließlich das Geld, dann kann ich auch kaufen, was ich will!«

Brigitte ist mit einem Mann verheiratet, der anständig verdient. Sie kennt weder sein Einkommen, noch haben sie eine klare Regelung getroffen, wie viel Haushaltsgeld sie für die vierköpfige Familie verbrauchen darf. Er hält sie so knapp, dass sie gerade das Nötigste einkaufen kann. Aber für ein Kleid oder für den Friseur reicht es nicht.

»Es ist so erniedrigend für mich. Wenn ich meine Haare schneiden lassen will oder mir gern mal ein neues Kleid kaufen möchte, dann muss ich mich immer vor ihm rechtfertigen. Er will genau wissen, was es kostet, und verlangt, dass ich ihm das Rückgeld wieder abgebe. Ich kann mir nie spontan etwas gönnen. Er verfügt über das ganze Geld ... und über mein Leben!«

Brigittes Mann behauptet, sie könne nicht mit Geld umgehen, verschwende es und hätte keine Kontrolle über ihre Ausgaben. Darum müsse er sie knapphalten. Brigitte fühlt sich ohnmächtig, frustriert und bevormundet. Er legitimiert sein Machtspiel mit der Verantwortung für die Familie. Der Streit ums Geld droht die ganze Liebe der beiden aufzufressen.

»Geld ist Macht – auch in der Beziehung«

Um ein Machtspiel zu durchbrechen, reicht gutes Zureden nicht. Macht wird zäh verteidigt, darum braucht es neue Spielregeln, um die Dominanz aufzuheben und wieder ein Gleichgewicht zwischen den beiden Partnern zu schaffen. Damit auf einer objektiven Grundlage diskutiert werden kann, eignen sich schriftliche Vorschläge und Leitlinien, wie sie von Budgetberatungsstellen (Adressen können bei den Sozialämtern erfragt werden) abgegeben werden. In diesen

Richtlinien werden die Leistungen zu Hause für Haushaltsarbeit und Kindererziehung als konkreter Wert in Euro oder Franken eingesetzt und damit nicht mehr als kostenlose Fronarbeit eingestuft.

Ausgerüstet mit objektiven Fakten, kann eine neue Basis für einen partnerschaftlichen Umgang mit dem zur Verfügung stehenden Geld gelegt werden.

Folgende Spielregeln können dabei nützlich sein:

- Die finanzielle Ausgangslage offen und ehrlich darlegen: Wie groß ist das monatliche Einkommen? Wie viel Geld liegt auf welchen Konten? Was für Schulden haben wir? Wie groß sind diese Schulden? Wie viel Geld ist monatlich für die Schuldzinsen zu bezahlen? Wie viel Geld ist monatlich für Steuern, Hypothekenzinsen und so weiter zurückzulegen?
- In welchen Ordnern befinden sich die entsprechenden Unterlagen? Wo befinden sich diese Ordner? Gibt es einen Safe? Welche Werte sind darin?
- Sind Darlehen an Drittpersonen gewährt worden? Wie werden die verzinst? Wann sollen sie zurückbezahlt werden?
- Ein Budget erstellen, aus dem die Einnahmen und Ausgaben ersichtlich sind. Für Budgetplanungen eignen sich sehr gut die Leitlinien der Budgetberatungsstellen.
- Verantwortlichkeit für die Ausgaben festlegen: Wer entscheidet selbstständig in welchen Bereichen über die Ausgaben (z. B. Einkauf des täglichen Bedarfs, Mietzins, Versicherungsprämien usw.)?
- Betrag festlegen, über den jeder Partner frei verfügen kann.

- Größere Anschaffungen (Autokauf, Urlaub usw.) gemeinsam entscheiden.

Diese Spielregeln funktionieren nur, wenn beide Partner sich über die finanziellen Möglichkeiten und Grenzen der zur Verfügung stehenden Mittel einig sind und für die Ausgaben und Investitionen Mitverantwortung übernehmen. Jedoch ist ohne Vertrauen in den anderen, nämlich dass er/sie fähig und willens ist, den vereinbarten Spielregeln nachzuleben, ein gemeinsamer, positiver Umgang mit Geld nicht möglich.

Eigenes Geld verschafft Freiheit

Es ist heute Ausdruck einer modernen Beziehung, dass beide Partner über eigenes Geld verfügen können. Während in früheren Zeiten eine Frau stolz auf ihren erwerbstätigen Mann war, der ihr und ihren Kindern ein schönes, geborgenes Zuhause ermöglichte, so sind heute junge Frauen stolz darauf, nicht von einem Mann abhängig sein zu müssen und ihr Leben selbst finanzieren zu können.

Diese neue Freiheit führt dazu, dass sich beide Wünsche erfüllen, die beim Partner Befürchtungen auslösen und damit zu Konflikten führen. Unglücklicherweise wird jedoch selten miteinander über die wirkliche Besorgnis gesprochen, sondern über die auszugebende Summe debattiert. Das Geld wird zum stellvertretenden Streitpunkt für ein tiefer liegendes Problem.

Ein solches Thema beschäftigt Daniel und Tania. Daniel möchte sich ein neues Motorrad anschaffen für über zehntausend Euro. Er hat lange gespart, und nun soll sein Wunsch wahr werden.

Tanja: »Bist du von allen guten Geistern verlassen? Über zehntausend Euro für ein Motorrad? Was ist an deinem jetzigen Feuerstuhl nicht gut genug? Wir könnten das Geld besser für eine Eigentumswohnung sparen!«

(Was Tania aber wirklich beschäftigt, ist nicht das viele Geld, nicht das neue Motorrad, sondern ihre Befürchtung, Daniel könnte jeden Sonntag mit seiner Maschine unterwegs sein und sie allein lassen. Sie ist im Grunde genommen nicht gegen den Kauf dieser Maschine – sie ist gegen das Allein-gelassen-Werden. Da sie aber nicht über ihre wahren Befürchtungen spricht, kann Daniel auch nicht darauf eingehen.)

Darum antwortet er: »Die Maschine kostet normalerweise zwölftausendachthundert Euro, und ich kann sie mit fünfzehn Prozent Rabatt kriegen. Und zudem haben Bruno und Hans auch eine gekauft. Wenn ich mit denen am Wochenende mitfahren will, dann muss ich mir auch eine neue kaufen ...«

(Daniel rechtfertigt seinen vorgesehenen Kauf, da er glaubt, Tanja gehe es ums Geld, und dabei vergrößert er ungewollt ihre Ängste, indem er seine Absicht, mit Bruno und Hans über das Wochenende wegzufahren, noch betont.)

Tanja: »Bruno und Hans sind nicht verheiratet, die können sich so ein Motorrad leisten. Wir würden das Geld besser in eine Wohnung investieren als womöglich noch in Unfallkosten.«

(Da Tanja immer noch das Geld in den Vordergrund stellt, kann Daniel ihre wirklichen Befürchtungen nicht erkennen und glaubt, es drehe sich tatsächlich nur um den hohen Betrag. Deshalb reagiert er entsprechend.)

Daniel: »Du willst doch ebenso viel Geld ausgeben für

deine Weiterbildung! Wir können ja dein Geld für einen Wohnungskauf zurücklegen!«

Tanja: »Das ist nicht dasselbe! Wir haben vereinbart, dass ich nach der Babypause wieder beruflich tätig sein kann, und darum brauche ich diese Weiterbildung!«

Daniel: »Diese teure Zusatzausbildung ist gar nicht notwendig. Du könntest ohne Probleme auch so in deinen alten Beruf zurück!«

(Daniel spricht jetzt selbst nur vom Geld und nicht von seiner Befürchtung, Tanja könnte während dieser Schulungszeit eigene Interessen entwickeln und sich von ihm entfremden. Darum nimmt Tanja an, es gehe ihm ums Geld. Sie reagiert entsprechend.)

Tanja: »Für dich kann es nicht teuer genug sein. Aber ich soll auf meine Zukunft verzichten und das Geld sparen! Du hast sie doch nicht alle …«

Über Geld frei verfügen zu können, bedeutet Eigenständigkeit. Sie nährt unseren Selbstwert. Wer selbst nicht über einen Betrag entscheiden kann, wird sich eingeschränkt und minderwertig fühlen, weil andere bestimmen, wie und wozu das Geld ausgegeben werden darf.

» Geld verhilft zu Eigenständigkeit«

Auf der anderen Seite ist es wichtig, dass der Partner, die Partnerin seine/ihre wahren Befürchtungen deutlich mitteilt und sich nicht hinter der Geldsumme oder dem falschen Zeitpunkt der Ausgabe versteckt.

Bei aller persönlichen Freiheit ist zu bedenken, dass eine Partnerschaft immer auch eine Gemeinschaft darstellt, die gemeinsam über einen Teil des Geldes zu befinden hat. Eine lebendige Beziehung lebt auch von gemeinsamen Zielen und Projekten, die meistens auch Geld kosten.

Die Drei-Konten-Lösung:

Darum kann es sinnvoll sein, drei Konten einzurichten: ein Konto für jeden Partner, jede Partnerin und ein »Wir«-Konto, aus dem alle gemeinsamen Kosten, Projekte und Anschaffungen bezahlt werden. Wenn Daniel und Tanja offen über ihre echten Befürchtungen reden, dann können sie Lösungen finden, die Tanjas Wochenendproblem lösen und Daniels Sorge unbegründet machen, und sie können entscheiden, wie viel Geld sie in das »Wir«-Konto fließen lassen möchten für eine schöne, neue Wohnung.

Warum Männer anders streiten als Frauen

Männer sind nicht nur durch ihre offensichtlichen biologischen Unterschiede anders als Frauen. Sie streiten und lösen Konflikte auch anders, als es das weibliche Geschlecht tut, wobei »anders« hier nicht gleichbedeutend ist mit »besser« oder »schlechter«. Untersuchungen zeigen, das zwischen Mann und Frau drei Elemente für eine unterschiedliche Art des Streitens maßgeblich sind: Hirn, Kommunikation und Sozialisation.

Männer denken anders

Es mag die Frauen freuen: Frauen denken im Durchschnitt schneller, kompletter und intuitiver als Männer. Robert Ornstein und Roger Sperry zeigen in ihren Arbeiten über das Gehirn und das Bewusstsein (»Psychology of Consciousness«, 1976) auf, dass, vereinfacht ausgedrückt, der rationale Teil des Denkvorgangs eines Menschen in der linken Hemisphäre und der intuitive Teil in der rechten Hemisphäre des Großhirns stattfindet.

»Männer denken langsamer
und benötigen mehr Zeit als Frauen,
um emotionale Probleme zu lösen«

Frauen verfügen über viel mehr Verbindungen zwischen diesen beiden spezialisierten Teilen des Gehirns. Messungen ergaben, dass Frauen viel schneller und viel mehr Informationen zwischen ihrer rationalen und intuitiven Seite austauschen können. Männer brauchen daher im Allgemeinen länger, um ihre Meinung klar auszudrücken. Männer brauchen Zeit, um emotionale Probleme zu lösen.

Ihr Hirn arbeitet in diesem Bereich langsamer. Deshalb muss ein Mann normalerweise *nachdenken,* um ein Problem zu lösen. Eine Frau hingegen tut sich leichter, sie weiß es meistens schon, bevor dem Mann klar wird, worum es geht. Für eine Frau ist es deshalb schwierig, wenn der Mann sich in ein Problem versenkt. Sie hört und sieht nichts von ihm. Besonders in Konfliktsituationen zieht er sich gleichsam zum geistigen Verarbeiten in seine mentale Höhle zurück. Leicht interpretiert sie seinen Rückzug als Versuch, sich der Lösung des Konflikts zu entziehen oder, noch schlimmer, Distanz zwischen ihr und sich zu schaffen. Dabei ist er auf der Suche nach einer Lösung. Wenn ihm aber seine Partnerin nicht genügend Zeit lässt, dann wird der Mann unsicher und fühlt sich unter Druck gesetzt. Je nach Temperament reagiert er dann aggressiv oder setzt sich ab. Beide Verhaltensweisen sind für die Lösung eines Konflikts nachteilig. Kann er aber über das Problem ruhig nachdenken, dann ist er, sobald er eine Lösung gefunden hat, zum Gespräch bereit.

Männer reden anders

Wobei wir beim zweiten Unterschied wären, der Kommunikation. Die Sprachforscherin Deborah Tannen, Professorin an der Georgetown University, hat jahrelang Alltagsgespräche von Männern und Frauen auf Tonband aufgezeichnet und auf ihre Eigenart hin untersucht. Sie stellt fest: Frauen pflegen eine »*Beziehungssprache*«. Ihr Gesprächsstil ist auf Einverständnis und Nähe ausgerichtet und soll vor allem nicht zum Streit provozieren. »Was meinst Du ...«, »Lass uns doch ...« oder »Könnten wir vielleicht ...« sind typische Formeln dieser Sprache. Ein Beispiel: Die Frau fragt: »Würdest du gern irgendwo anhalten, um was zu trinken?« Ihr Mann hat keine Lust anzuhalten und antwortet wahrheitsgemäß mit Nein. Frustriert muss er später feststellen, dass seine Frau verstimmt ist, weil sie gern irgendwo Rast gemacht hätte.

»Die Kommunikation der Männer dient der Information, sie stützt sich auf (echte oder vermeintliche) Fakten; die Kommunikation der Frauen dient der Beziehung«

Die Kommunikation der Männer dient der Information (Fakten) und der Klärung von hierarchischen Verhältnissen. Statt Fragen zu stellen, stellen sie fest. Bei Diskussionen neigen sie dazu, Behauptungen aufzustellen oder mit ihrem Wissen zu beeindrucken. Sie lieben es, vor Publikum Witze und Geschichten zu erzählen. Ihre »Reportsprache« bedient sich zwar der gleichen Worte wie die »Beziehungssprache« der Frauen, aber die Inhalte sind anders, und darum sind Missverständnisse nicht zu vermeiden. Zugespitzt formuliert, könnte man sagen:

- Wenn ein Mann Einwürfe wie »mhm« oder »ja« macht, dann verstehen Frauen »ich höre dir zu, mach weiter«. Er hingegen signalisiert sein Einverständnis und möchte damit das Gespräch an diesem Punkt beenden.

- Männer wechseln das Thema abrupt, wenn sie es nicht mehr interessiert. Je mehr Frauen sich in ein Thema einlassen, umso lieber entwickeln sie es weiter.

- Wenn eine Frau einem Mann ein Problem schildert, dann möchte sie in Wirklichkeit Mitgefühl und Anteilnahme und keine Lösungsvorschläge.

- Die Frau sucht im gemeinsamen Gespräch den Austausch von Intimität und Nähe. Der Mann wünscht sich interessante Informationen und Anregungen.

- Wenn eine Frau zum Beispiel fragt: »Hast du Durst?«, dann erwartet sie, dass der Mann versteht: »Ich habe Lust, etwas zu trinken!«, und entsprechend reagiert.

»Über ein gemeinsames Problem mit ihrem Partner zu sprechen, ist für die Frau wichtiger, als es zu lösen; der Mann will das Problem lösen, um nicht mehr darüber reden zu müssen«

Besonders in kritischen, konfliktgeladenen Gesprächen zwischen Mann und Frau kann Missverständnissen vorgebeugt werden, wenn wir darauf achten, dass wir einerseits deutlicher sagen, was wir meinen, und andererseits nachfragen, ob wir den anderen richtig verstehen.

Das klingt zunächst gar nicht schwer. Das Problem ist aber, dass wir selbst meist denken, bereits deutlich genug gesagt zu haben, was wir wollen, und dass wir oft davon ausgehen, den anderen richtig verstanden zu haben.

Die meisten sind überzeugt, ihr Partner, ihre Partnerin würde sie schon verstehen, wenn er/sie nur wollte und – endlich! – richtig zuhören würde. Manchmal meinen wir nur, wir hätten uns klar verständlich gemacht. Dann machen wir unserem Partner, unserer Partnerin das Leben schwer. Es sei denn, er/sie kann Gedanken lesen.

Geben Sie sich gegenseitig Feedback!

Um herauszufinden, wie deutlich wir jeweils in unseren Äußerungen sind, ist es hilfreich, sich von anderen ein Feedback zu holen. Dies ist besonders aufschlussreich in einer Situation, in der Sie sich offenbar für den anderen nicht klar genug ausgedrückt haben, oder wenn Sie das Gefühl haben, dass Ihr Partner, Ihre Partnerin nicht das verstanden hat, was Sie sagen wollten. Folgende drei Fragen können Sie Ihrem Partner, Ihrer Partnerin in ruhigem Ton stellen:

Was habe ich deiner Ansicht nach gesagt?
Wie habe ich es gesagt?
Was glaubst du, warum ich es gesagt habe?

Fragen Sie nach!

Besonders bei den Menschen, mit denen wir viel zusammen sind, gehen wir zu selbstverständlich davon aus, sie zu verstehen. Aber vielleicht haben wir einen wunden Punkt berührt, sind auf eine uns unbekannte »Tretmine« getrampelt oder haben wieder einmal einen »Alarmknopf« aktiviert. Denn auch uns reitet manchmal der Teufel. In Situationen, in denen der andere einen Wunsch, ein Bedürfnis oder auch Unzufriedenheit äußert, lohnt es sich, nachzufragen und zuzuhören.

Männer handeln anders

Schon im Sandkasten lernen die kleinen Knaben das Ritual des Konflikts und des Streitens. Auch wenn sie anfangs noch zur Mutter laufen und sich heulend über den bösen Buben beklagen, der die Schaufel okkupiert hat, gehen sie doch bald wieder in die quadratische Arena zurück und beginnen innerhalb kurzer Zeit, selbst mit Sand zu schmeißen oder die schöne Konstruktion eines anderen einzustampfen. Männer lernen damit schon von klein auf, Konflikte als eigene soziale Spielform zu sehen, die sich nicht vermeiden lässt. Sie gewöhnen sich daran, im täglichen Leben immer wieder das Ritual des Konflikts anzutreffen. Je nach Temperament und Erfahrung lernen sie, sich der Auseinandersetzung zu stellen oder ihr auszuweichen.

Zwischen Männern ist darum ein Konflikt normalerweise keine Katastrophe. Sie haben im Laufe der Zeit Spielregeln entwickelt, die jeder Mann kennt, ohne sie je bewusst gelernt zu haben.

Spielregeln

1. Spielregel
Jeder Konflikt hat einen Anfang und ein Ende. Darum können Männer sehr schlecht begreifen, warum für eine Frau auch nach Beendigung eines Streits selten Schluss ist. Die Umgangssprache nennt es »das letzte Wort haben«. Männer wollen sich etwas Neuem zuwenden, Frauen lieben es, die ganze Konfliktprozedur nochmals durchzugehen. Für die Frau entstehen dadurch Nähe und Sicherheit. Der Mann

wird ungeduldig und reizbar, was für die Frau gerade der Beweis ist, dass »nichts geklärt« ist und die ganze Diskussion von Neuem beginnen kann.

2. Spielregel

Wie im Fußball oder in jeder anderen Sportart gibt es Pausen. Eine Pause dient der Erholung. In dieser Zeit wird nicht weitergespielt. Tore oder Punkte in dieser Zeit sind nicht möglich und werden nicht gezählt. Auf den Konflikt bezogen bedeutet dies, dass der Mann nicht tage- und vor allem nicht nächtelang über dasselbe Problem reden möchte. Er versteht nicht, wie eine Frau mitten in der Nacht sagen kann: »Ich muss mit dir reden!«, wenn er am nächsten Morgen fit, ausgeruht und konzentriert im Geschäft erwartet wird. Er ist auch der Ansicht, etwas könne eine gewisse Zeit ruhen, um zu einem späteren Zeitpunkt – falls es sich nicht selbst erledigt hat – nochmals aufgenommen zu werden.

Darum macht es ihm ganz und gar keine Freude, wenn zum Beispiel beim gemütlichen Abendessen seine Partnerin aus heiterem Himmel wieder mit dem Konfliktthema anfängt. Er hat dann Pause, und aus seiner Sicht ist eine Konfliktdiskussion im Moment im Grunde genommen unfair.

3. Spielregel

Konflikte in der Beziehung und der Familie sind privat. Ein Mann ist gewohnt, bei Problemen einen Freund anzusprechen und ihn ins Vertrauen zu ziehen mit dem Ziel, einen guten Ratschlag oder eine Lösungsidee zu erhalten. Der Freund garantiert ihm selbstverständlich Verschwiegenheit und Solidarität. Auf diesem Fundament entstehen echte Männerfreundschaften.

Für Frauen sind Konflikte auch etwas Persönliches, aber nichts Privates, zumindest nichts, was verschwiegen werden müsste. So staunt mancher Mann nicht schlecht und kriegt rote Ohren, wenn der Partner einer Freundin der Frau ihn grinsend nach Einzelheiten fragt und ihm mit einem »Alles halb so wild!« aufmuntern will. Plötzlich stellt er fest: Er ist der Einzige weit und breit, der glaubt, niemand wisse um seine Probleme zu Hause.

Frauen, im Gegensatz zu Männern, erzählen ihren Freundinnen alles, nicht weil sie wirklich Ratschläge nötig haben, sondern weil sie Anteilnahme und Nähe brauchen. Und nichts schafft mehr kollektives Interesse als ein anständiger Konflikt.

4. Spielregel

Eine einfache Formel könnte lauten: Konflikt = ungelöstes Problem. Damit ist für jeden Mann klar: Je schneller eine Lösung gefunden wird, umso rascher ist der Konflikt zu Ende. Ein Mann mag zwar langsamer denken als eine Frau, aber er denkt sehr lösungsorientiert. Er sieht nicht ein, warum ein Konflikt noch länger beschwatzt werden muss, wenn es nur noch darum geht, die richtige Lösung zu finden. Auch diese Spielregel ist für Frauen nicht zwingend. Ein Konflikt hat den großen Vorteil, dass der Partner sich mit ihr und ihren Anliegen auseinandersetzen *muss*.

Jetzt bekommt sie die sehnlichst erhoffte Zeit der Gemeinsamkeit, die sonst nur noch gelegentlich, wenn überhaupt, abfällt. Jetzt erlebt sie Verletzlichkeit, Nähe, Sehnsucht, Intimität und Intensität, die sie sich in ihrer Partnerschaft wünscht und die es – lang ist's her – mal mit Schmetterlingen im Bauch gegeben hat. Darum kann die Lösung warten. Umso mehr, als sie sie schon lange kennt …

Streiten Sie sich gesund!

Karol gehört zu den Menschen, die immer leicht gereizt reagieren. Ein ungeleerter Aschenbecher, ein schmutziger Teller, der nicht in den Geschirrspüler gestellt wurde, oder die behutsame Mahnung, sich mit dem Chicmachen zu beeilen, um nicht zu spät zu kommen, führen sofort zu heftigen Angriffen. Wehe, wenn man auf Karols Gekeife auch nur den kleinsten Piepser von sich gibt. Die schrillen Sirenentöne nehmen postwendend zu. Alle Sätze beinhalten dann »deinetwegen« oder »Du machst ...« oder eben »Du machst ja nicht ...« Zusammengefasst drückt das Geschimpfe in der milderen Form aus: »Wenn du dich anders verhalten würdest, dann hätte ich das Problem nicht!« Und in der härteren Version: »Wenn es dich nicht gäbe, dann wäre die Welt in Ordnung!«

Wenn wir mit einem solchen Partner, einer solchen Partnerin zusammenleben, dann haben wir vor langer Zeit einen verhängnisvollen Fehler gemacht: Wir haben dem Frieden zuliebe geschwiegen. Unsere Erfahrung hat uns damals gelehrt: Schweigen kürzt den Streit ab. Denn irgendwann hört auch der hartnäckigste Kritiker auf, wenn er keinen Widerstand erfährt. Was sich einmal oder zweimal als Taktik bewährt, erweist sich jedoch auf die Dauer als Bumerang. Unser Stillhalten lähmt langsam aber stetig unsere Lebensenergien und zerstört unsere Lebensfreude.

Wir schützen uns vor den heftigen Angriffen unseres Partners, unserer Partnerin, indem wir uns zurückziehen und uns distanzieren. Da die Kritik sich auf einen objektiven, wenn auch im Grunde genommen meist lächerlichen

Umstand stützt, löst das Genörgel Gefühle der Schuld und Unzulänglichkeit aus. Es entsteht das Empfinden, dem Partner, der Partnerin nicht zu genügen und auf irgendeine Weise versagt zu haben.

»Wer sich nicht wehrt und nicht bereit ist zu streiten, gibt sich selber auf«

Dadurch sinkt das Selbstwertgefühl, und als von der Kritik Betroffene fühlen wir uns hilflos und minderwertig. Um das Gesicht nicht ganz zu verlieren, sagen wir leider nicht, wie frustrierend wir dieses »Du bist schuld!« empfinden. Wir sagen leider auch nicht, wie unglücklich wir sind und wieviel lieber wir in ein vor Glück strahlendes als in ein böses, von Zornesfalten geprägtes Gesicht sähen.

Deshalb entschließen wir uns, um uns vor weiteren Verletzungen zu schützen, »als Klügere nachzugeben und am besten gar nichts mehr zu sagen«. Schließlich wollen wir nicht noch mehr Öl ins Feuer gießen. Nach außen tun wir so, als würden wir das alles relativ gut wegstecken, und kehren möglichst rasch zur Tagesordnung zurück. Da wir uns von der Wirkung der Kritik nichts anmerken lassen, zieht unser streitsüchtiger Partner den trügerischen Schluss, wir seien immun gegen Kritik geworden, was seinerseits noch mehr Wut und Druck aufbaut.

In Tat und Wahrheit schlucken wir schwer an unserem Groll. Wir überspielen unsere tiefe Traurigkeit, nicht genügend liebenswert für unser Gegenüber zu sein. Wir ziehen uns immer mehr zurück, denn es scheint unmöglich zu sein, ihm das zu geben, was ihn zufriedenstellt. Wir zweifeln zudem immer stärker an uns selbst und glauben, versagt zu haben.

Daraus folgern wir, dass das Streiten sich nicht lohnt, weil es uns nur verletzt und doch keine Lösung bringt. Wir reden uns ein, über den Querelen zu stehen. Dabei ist es nur das Alibi für unsere Resignation. Soll unser Partner, unsere Partnerin schimpfen und Giftpfeile schießen – nichts soll und kann uns verletzen. »Loslassen und durchlässig sein«, heißt die Devise. Aber die Theorie ist das eine, die Praxis das andere. Wir sind nicht Buddha, um mild lächelnd alles hinzunehmen. Die Kritik unseres Partners, unserer Partnerin tut weh. Immer wieder. Bis wir uns entschließen, alles einfach an uns abprallen zu lassen. Das funktioniert ganz gut, die Haut wird dicker und dicker und verfestigt sich langsam zu einem Panzer. Wenn nichts mehr hinein kann, dann kann auch nichts mehr hinaus. Damit sind auch unsere Gefühle eingesperrt. Für diese Art der Konfliktstrategie bezahlen wir einen hohen Preis: Die Gefühle sind blockiert, die Leichtigkeit des Seins wird bleischwer, und unsere Seele wird zu Boden gedrückt. Unser Zustand bekommt einen neuen Namen: Depression.

»Wer nicht streiten kann, wird krank«

Eine tiefe, lähmende und alle Lebensfreude zerstörende Stimmung blockiert unsere Antriebskräfte. Wir behaupten dann, abgeklärt zu sein, weil wir unsere Bedürfnisse und Gefühle nicht mehr spüren. Wir sind mit unserem Partner, unserer Partnerin höflich, nett, anständig, aber unser Herz ist ein Friedhof. Begraben sind unser Mut, etwas zu verändern, unser Lustgefühl, die Fröhlichkeit und Heiterkeit liegen im Koma. Doch unsere Gefühle sind nicht tot. Sie lassen sich zwar verdrängen und unterdrücken, aber sie leben. Sie wollen sich entfalten, ausdrücken, und darum möchten sie aus dem von uns selbst geschaffenen Gefängnis heraus.

Die so eingeschlossenen Empfindungen stauen sich, und da wir nicht zulassen, dass sich ihre Energien in einem natürlichen Streit entladen können, richten sie sich nach innen und lösen psychosomatische Erkrankungen aus. Untersuchungen zeigen deutlich: Unterdrückte Konfliktgefühle machen krank. Sie führen zu Herzstörungen, zu Kreislaufproblemen, sie schlagen nachweislich auf den Magen-Darm-Trakt und engen das Atem-Sprech-System ein. Unverdaute Konflikte wirken auch noch mehrere Jahre nach. Selbst nach langer Zeit können diese Gefühle mit ganzer Intensität hochkommen und unter Umständen schwere psychische und körperliche Reaktionen hervorrufen. Alles, was wir in uns hineinfressen, frisst uns auf.

Lösung

Bevor wir ernsthaft erkranken, ist es wichtig, wieder streiten zu lernen. Sinnvoll streiten kann aber nur derjenige, der seine eigenen Bedürfnisse und seine Gefühle wieder wahrnimmt und seinen eigenen Standpunkt kennt. Wir müssen neu entdecken, wer wir sind. Dabei helfen die nachstehenden drei Schritte. Sie fördern unsere Konfliktfähigkeit.

Die Übung hilft uns, unsere Mitte zu finden. Es ist der Punkt, der uns wieder ins Lot und damit unserem Fühlen und Empfinden näherbringt.

1. Schritt:
Die innere Mitte finden

- Setzen Sie sich bequem, mit geradem Rücken hin. Legen Sie die Hände locker und geöffnet in den Schoß und lassen Sie Daumen und Zeigefinger sich berühren. Stellen Sie beide Füße flach auf den Boden und schließen Sie die Augen.
- Nehmen Sie Ihre Füße wahr, Ihre Beine. Spüren Sie Ihr Becken und konzentrieren Sie sich auf den untersten Teil Ihrer Wirbelsäule, auf Ihr Steißbein.
- Lassen Sie nun von Ihrem Steißbein über Ihr Becken die Beine entlang und über die Füße Energie fließen hinunter in den Boden und vom Boden wieder hinauf bis ins Steißbein, dem Ansatz Ihrer Wirbelsäule.
- Richten Sie Ihre Aufmerksamkeit auf Ihren Oberkörper. Orten Sie mit Ihrem Gefühl Ihre Leber und lassen Sie die Energie des Bodens hineinströmen. Folgen Sie dem Darm bis zum Magen. Lassen Sie die Energie aus dem Boden über Ihre Beine, Ihr Steißbein, über die Leber in Ihren Magen strömen.
- Senden Sie die Energie wieder zurück zur Erde und lassen Sie sich erneut von der Kraft der Erde durchströmen. Wiederholen Sie diesen Energieaustausch viermal.
- Spüren Sie nun Ihr Herz. Holen Sie über Ihre Füße, Beine, Magen die Erdenergie in Ihr Herz und lassen Sie sie wieder zurückströmen.

Wiederholen Sie diesen Energiefluss viermal.

- Nehmen Sie als Nächstes Ihre Lungen wahr. Atmen Sie kräftig aus und ohne Anstrengung ein. Lassen Sie erneut die Erdenergie auf- und niederströmen bis zu Ihren Lungen. Atmen Sie aus, wenn die Energie zur Erde zurückkehrt, und atmen Sie ein, um die Erdenergie von Ihren Füßen bis in die Lungen aufsteigen zu lassen.

Wiederholen Sie diesen Energieaustausch viermal.

- Richten Sie nun Ihre Aufmerksamkeit auf Ihren Hals und den Kopf. Lassen Sie die Erdenergie über Füße, Beine, Bauch, Herz und Lungen durch den Hals in den Kopf aufsteigen. Senden Sie dann die Energie wieder über den ganzen Körper zurück in die Erde.

Wiederholen Sie diesen Energieaustausch viermal.

Nehmen Sie nun einmal an, Sie tragen in sich eine innere Mitte.
- Wo liegt Ihre innere Mitte?
- Welche Form hat sie?
- Welche Größe? Welche Farbe?
- Wie ist Ihre Mitte beschaffen?
- Lassen Sie jetzt aus der Erde Energie in Ihre Mitte fließen und beobachten Sie, wie sich Ihre Mitte verändert.
- Die Energie, die aus der Erde aufsteigt, ist erfüllt mit Lebenskraft, Selbstvertrauen und Lebensfreude. Lassen Sie Ihre innere Mitte von dieser aufbauenden Kraft durchströmen.
- Übergeben Sie all Ihre Trauer, Ihre Ängste und Ihre Unsicherheit dem Energiestrom, der zurück in die Erde fließt.

Wiederholen Sie in einem für Sie stimmigen Rhythmus dieses Ein und Aus des Energieflusses, bis Sie sich von Ihren Belastungen gereinigt und mit neuer Lebensenergie erfüllt fühlen.

- Verlassen Sie dann Ihre innere Mitte und spüren Sie den ganzen Körper.
- Spannen Sie alle Muskeln ganz fest an und lassen Sie sie wieder los, indem Sie gleichzeitig kräftig ausatmen.
- Öffnen Sie Ihre Augen.

Vergegenwärtigen Sie sich nach der Übung, was Sie gesehen, gespürt oder gehört haben. Es lohnt sich, die Übung mehrmals zu wiederholen.

---

2. Schritt:
Über die eigenen Gefühle reden

Probleme haben die fatale Eigenschaft, ein Eigenleben zu entwickeln und eine Wichtigkeit zu erlangen, die ihnen nüchtern betrachtet gar nicht zusteht. Sie fressen Zuneigung und Liebe, bis nur noch Ablehnung und Hass übrig bleiben. Sich um das Gespräch zu bemühen und mutig den Sie unglücklich machenden Zustand deutlich zu benennen, ist die einzige Chance, den Teufelskreis des schweigenden Leidens zu durchbrechen.

Zwar glauben wir, unser Partner, unsere Partnerin wüsste genau, wie es in uns drinnen aussieht. Aber das ist ein Irrtum. Die wenigsten sind Gedankenleser. Deshalb nützt es nichts zu meinen: »Wenn ihm/ihr an mir etwas gelegen wäre, hätte er/sie schon lange bemerken müssen, wie unglücklich ich bin!« Im Gegenteil. Der/die andere glaubt vielmehr, wir seien völlig gefühllos, desinteressiert und ohne einen Funken Gespür, gelingt es uns doch, selbst massivste Vorwürfe schweigend zu kassieren. Beide sind erfüllt von bitteren Gefühlen. Der eine lebt sie in Form von leichter Reizbarkeit aus, der andere frisst alles in sich hinein.

Das Fatale bei dieser Ausgangslage ist, dass – wenn über ein Problem geredet wird – immer die Sache, nie aber das damit verbundene Gefühl angesprochen wird.

»Du bist zu spät! Jetzt ist dein Essen kalt. Du hättest anrufen können!«, sagt Elsa.
»Ich bin nicht dazu gekommen!«, antwortet Fred.
»Du kommst sowieso nie zu etwas!«, bemerkt Elsa spitz und ergänzt: »Du musst jetzt selbst in die Küche. Die Kinder und ich, wir haben gegessen!«
Fred sagt nichts und schleicht in die Küche.

Die Giftpfeile, die Elsa abschießt, werden von ihrer Wut angetrieben. Die hilflosen Rechtfertigungen von Fred nützen nichts. Sie hat ihn voll im Visier und feuert Breitseite um Breitseite.

Hätten Elsa und Fred über ihre Gefühle und nicht nur über die vordergründigen Fakten geredet, dann hätte das Gespräch so klingen können:

Elsa: »Ich bin erbost, weil du nicht angerufen hast. Ich habe mir Sorgen um dich gemacht, und zudem ist jetzt das Essen verkocht, was mich ebenfalls ärgert. Ich habe das Gefühl,

ich sei ein Hotelbetrieb, in dem jeder nach Belieben auf-
kreuzen kann.«

Fred: »Du hast recht. Ich wäre an deiner Stelle auch unzu-
frieden. Entschuldige! Ich hätte anrufen sollen. Ich musste
zu meinem Chef zu einer Besprechung, die länger dauerte
als vorgesehen. Nachher war ich so in Gedanken, dass ich
ganz vergaß anzurufen. Als es mir wieder einfiel, war ich
schon vor der Haustür.«

Elsa: »Was wollte er?«

Fred: »Er will eine Umorganisation in unserer Abteilung.
Ich weiß noch nicht, was das für mich genau bedeutet.«

Elsa: »Komm, wir setzen uns in die Küche. Ich wärme dir
das Essen auf, und du kannst mir erzählen, worum es geht,
wenn du magst.«

Fred: »Gern!«

Er legt seinen Arm um sie, und sie gehen zusammen in die
Küche.

Der Ablauf des Gesprächs ändert sich durch das Mitteilen der Gefühle. Elsas Ärger wird besprochen. Sie macht deutlich, wie stark sein Verhalten den Bogen gespannt hat. Solange (noch) kein Giftpfeil mit Vorwürfen eingelegt ist, fühlt sich Fred nicht bedroht. Er muss sich darum nicht mit Ausreden schützen, kann offen sein, den Missmut seiner Frau verstehen und sich entschuldigen. Für beide löst sich die Spannung und damit der Konflikt.

3. Schritt:
Bedürfnisse und Wünsche konkret äußern

Wissen Sie, was Sie von einer Partnerschaft konkret erwarten? Kennen Sie Ihre Bedürfnisse und Wünsche? Erstaunlich ist, dass wir besser wissen, was wir nicht wollen, als was wir uns wirklich wünschen. Unsere Bedürfnisse sind selten eindeutig und klar. Sie bestehen aus »ein bisschen, aber nicht zuviel« bis zu »davon kann ich nicht genug kriegen«. Wir haben zudem viele Wünsche, die sich im Laufe des Lebens als Illusionen entpuppen (z. B. wenn Sie immer wieder den gleichen Frosch küssen und er einfach kein Prinz werden will ...).

Wir wollen gewisse Dinge und auch das Gegenteil davon, oder – wie Goethe es ausdrückte – »zwei Seelen wohnen, ach, in meiner Brust«. So wünschen wir uns Freiheit – und sehnen uns doch nach Nähe. Wir möchten Verständnis und Anteilnahme – und legen Wert darauf, dass sich niemand in unsere Angelegenheiten mischt. Wir wünschen Offenheit und Ehrlichkeit – und halten doch an unseren Geheimnissen fest.

Menschen mit einfach gestrickten, klaren Bedürfnissen und Wünschen tun sich entschieden leichter als die differenzierten, sensiblen, die je nach Stimmungslage genau das Gegenteil von dem brauchen, was noch gestern gut für sie war.

Wer seinem Partner, seiner Partnerin nicht sagen kann, was er möchte und was nicht, steht auf verlorenem Posten. »Wenn du mich liebtest, dann wüsstest du, was ich mir wünsche« ist dann der verzweifelte Versuch, die Verantwortung für sein eigenes Glück dem anderen zuzuschieben.

»Darum mach mich glücklich – ich selbst weiß nämlich nicht, wie!« In der aggressiveren Form wird aus der Suche nach den unerfüllten Wünschen und Bedürfnissen der Vorwurf: »Du tust nie etwas für mich!«, oder: »Immer muss ich auf dich Rücksicht nehmen!«, oder: »Nie kann ich das tun, was ich will!« Leicht kommen die Wörter »immer« und »nie« über die Lippen. Aber auch diese Übertreibungen helfen nicht. Die Lösung liegt nämlich nicht bei unserem Partner, unserer Partnerin, sondern einzig bei uns. Wir müssen letztlich selbst wissen, was wir wirklich wollen.

Lösung
Bedürfnisse entstehen selten im luftleeren Raum. Sie sind normalerweise an eindeutige Situationen geknüpft. Wenn Schnee fällt und Sie das Bedürfnis verspüren, Ski laufen zu gehen, dann fragen Sie nicht: »Was machen wir am nächsten Wochenende?«, sondern drücken Sie Ihren Wunsch direkt und offen aus: »Ich möchte nächstes Wochenende zum Skilaufen gehen. Hast du auch Lust dazu?«

»Wünsche offen und direkt aussprechen«

Auch in intimen Dingen ist eine einfache und ehrliche Aussage hilfreicher für den Partner, die Partnerin als das Aussenden verschlüsselter Signale, die der andere, »wenn er mich wirklich liebt ...«, selbstverständlich verstehen sollte. Sagen Sie: »Ich möchte gern mit dir schlafen. Was meinst du?«, wenn Sie es wollen. Mit Ihrer unkomplizierten Art geben Sie Ihrem Partner, Ihrer Partnerin die Chance, auch

eine klare Antwort zu geben. Sie kann dann von »Ja, gern!«
über »Ich weiß es im Moment noch gar nicht« bis zu »Heute
möchte ich nicht« lauten.

Je einfacher und ehrlicher die Bedürfnisse mitgeteilt werden, umso weniger führen sie zu Fehlinterpretationen. Wenn
Fred gern Liebe machen möchte und Elsa heute keine Lust
hat, dann ist bei direkter und offener Kommunikation kein
Haken dabei. Fred findet es zwar schade, aber ohne sich beleidigt zu fühlen. Er weiß, Elsas Entscheidung ist nicht gegen
ihn gerichtet, sondern sie hat einzig das ausgedrückt, was sie
jetzt empfindet. So braucht sie kein schlechtes Gewissen zu
haben. Sie muss auch keine Kopfschmerzen oder sonst etwas
vortäuschen.

»Deine Rede sei ja, ja, nein, nein« ist eine zweitausend
Jahre alte Regel, die empfiehlt, das zu sagen, was man meint
und empfindet. Sie öffnet das Tor zum besseren gegenseitigen Verstehen und macht uns und unsere Bedürfnisse für
den Partner, die Partnerin fassbar.

Wie man lösungsorientiert streitet:
Eine Anleitung

Jeder Streit ist ein Machtkampf. Die »Lösung«, die wir gelegentlich mit Zähnen und Klauen anstreben, ist die Unterwerfung des anderen. Wir wollen über unseren Partner, unsere Partnerin siegen. Er/sie soll endlich nachgeben oder einsehen, dass wir recht haben, und sich so verhalten, wie wir es wollen, und zwar auf immer und ewig.

Aber in Beziehungen gibt es keine endgültigen Siege. Der Unterlegene wird im harmloseren Fall seine Niederlage vergessen und bald wieder ins alte Fahrwasser zurückkehren oder im schlechteren Fall sich irgendwann für die erlittene Schlappe rächen.

Je rascher wir verinnerlichen, dass kein Mensch gezwungen werden kann, sich zu ändern, sondern es nur aus eigener Einsicht schafft, desto weniger streiten wir, um recht zu haben, sondern vielmehr, um einen gemeinsamen Lernprozess in Gang zu setzen.

Wer lösungsorientiert streiten will, sollte sich folgende Fragen zu seiner eigenen Haltung stellen:

Will ich überhaupt eine Lösung – oder will ich den anderen niedermachen, indem ich meiner Wut freien Lauf lasse?
Wenn wir wütend sind, dann denken wir wenig Konstruktives. Wir wollen unseren inneren Druck loswerden, indem wir dem anderen tüchtig die Leviten lesen oder ihn mit Vorwürfen überhäufen. Das mag uns zwar für einen kurzen Moment helfen, aber es bringt keine Lösung. Im Gegenteil!

Der andere wird seinen emotionalen Druck ebenfalls entsprechend ablassen wollen oder, wenn er es nicht kann, sich dem Streit entziehen. Erst wenn ich nach einer wirklichen Lösung suche, werde ich mich selbst weniger aggressiv verhalten und damit auch bei meinem Gegenüber weniger Druck erzeugen.

Bin ich überhaupt bereit, dem anderen zuzuhören?

Beim Streiten will jeder den anderen übertönen. »Jetzt rede ich!« gehört zu den imperativen Forderungen. Keiner will dem anderen zuhören. Jeder will seine Meinung loswerden. Wer redet (meistens redet man nicht, sondern man brüllt oder schreit), glaubt, die Oberhand zu behalten. Zuhören wird als Zeichen der Schwäche, der Unterlegenheit gewertet. Nur, wenn keiner zuhört, was soll sich dann verändern? Und noch ein wichtiger Punkt: Wer zuhören kann, beweist innere Stärke, denn er kann seine Gefühle so weit kontrollieren, dass er noch in der Lage ist, etwas aufzunehmen und zu denken.

Bin ich offen genug, die Ansichten, Bewertungen und Gefühle meines Gegenübers verstehen zu wollen?

Oft benützen wir den ungebremsten Wortschwall der anderen Person als taktische Pause, in der wir gar nicht wirklich zuhören, was er/sie sagt, sondern bereits unsere eigene Antwort vorbereiten. Unser Schweigen ist dann ein Mittel, den anderen besser angreifen zu können. Damit werden die Streitdiskussionen nur hitziger und heftiger. Höre ich jedoch meinem Gegenüber zu und versuche ich, seine Sicht der Dinge und seine Emotionen zu verstehen, dann schaffe ich eine Basis, auf der eine sinnvolle, gemeinsame Lösung gefunden werden kann.

Weiß ich, was genau unser Konfliktpunkt ist?

Wir streiten sehr oft über vordergründige Dinge, die nicht dem wahren Konfliktgrund entsprechen, sondern stellvertretend für ihn sind. Wir schlagen den Sack, weil wir den Esel nicht kennen, könnte man in Abwandlung des bekannten Sprichworts sagen.

Nehmen wir an, wir ärgern uns immer wieder über das Zuspätkommen unseres Partners, unserer Partnerin und machen ihm/ihr entsprechende Vorwürfe. Verspätet zu sein hat aber selten etwas mit der Kunst, die Uhr richtig abzulesen, oder der Fähigkeit, die eigene Zeit einteilen zu können, zu tun. Wer sich verspätet, signalisiert unbewusst, dass er eigentlich nicht kommen möchte.

Die Diskussion müsste darum nicht zum Thema haben: »Warum bist du zu spät?« (um sich dann alle Rechtfertigungen und Ausreden anhören zu müssen, die uns noch mehr ärgern ...), sondern vielmehr: »Warum wolltest du nicht kommen? Was passt dir nicht? Was stimmt nicht für dich?« Damit hätte unser Partner, unsere Partnerin eine Chance, über seine/ihre eigenen Motive nachzudenken und sich über die Ursache des Unbehagens klar zu werden. Dadurch ließe sich für ähnliche Situationen leichter eine brauchbare Lösung finden.

Das, was den Konflikt auslöst, ist nie der wahre (und damit tiefer liegende) Konfliktpunkt! Wie gesagt, die Regel kann uns helfen, kritisch gegenüber vermeintlich offensichtlichen Konfliktpunkten zu sein.

Darum ist es so wichtig, dem/der anderen gut zuzuhören und ihn/sie ausreden zu lassen. Die Wahrheit ist in den Nebensätzen. Achten Sie darauf, wenn jemand in der Hitze des Gefechts sagt: »... und überhaupt ...!« Dann ist die Chance riesengroß, dass in diesem Satz der wahre Grund für den ganzen Streit zum Vorschein kommt.

Lasse ich es zu, aus dieser Situation auch etwas für mich lernen zu können?

Im Streit sind wir der vollen Überzeugung, dass nicht wir, sondern der/die andere endlich begreifen und das Verhalten ändern müsse. Dabei verkennen wir eine fundamentale Grundregel, die besagt: *Wir sind immer Teil des Problems!* Ein Konflikt spiegelt immer auch Aspekte unserer Persönlichkeit und damit unserer Bewertungen, Befürchtungen und des daraus folgenden Verhaltens.

Auch wenn wir es nicht gern hören, aber auch wir haben zur Lösung etwas beizutragen. Ohne unseren Beitrag wird es unserem Partner, unserer Partnerin schwerfallen, sich aktiv und positiv an einer guten Lösung zu beteiligen. Wir sollten uns darum als ersten Schritt fragen: Was kann ich zur Veränderung der Konfliktsituation beitragen? Was habe ich zu lernen? Ein Konflikt ist eine großartige Chance, viel über andere, aber noch viel mehr über sich selbst zu erfahren und darum auch einiges dazuzulernen – wenn wir es zulassen.

Die »Zwei-Gewinner«-Strategie

Die »Zwei-Gewinner«-Strategie – im amerikanischen Sprachgebrauch »Win-win« genannt – geht von der Überzeugung aus, dass ein Konflikt nicht zwangsläufig einen Sieger und einen Verlierer produzieren muss. Beide sollen sich als Gewinner fühlen. Die »Zwei-Gewinner«-Strategie führt nicht einfach zu einem Kompromiss, sondern zu echten Lösungen, die für beide Kontrahenten annehmbar und positiv sind. Kompromisse gelten nicht umsonst als »faul«, weil sie in den meisten Fällen eine Patt-Situation darstellen, das heißt, sie verzichten auf etwas, anstatt etwas zu gewinnen. Oder wie es Henry Kissinger, der frühere amerikanische Außenminister, formulierte: »Kompromisse sind Lösungen, bei denen am Schluss beide unzufrieden sind.«

> »*Kompromisse sind Patt-Lösungen,*
> *bei der jeder auf etwas verzichtet, anstatt*
> *dass jeder etwas gewinnt*«

Darum stellt ein Kompromiss immer eine Konzession an den anderen dar. Er steht auf wackligen Füßen. Die geringste Veränderung der äußeren Bedingungen lässt ihn kippen und führt sofort zu neuen Auseinandersetzungen. Somit ist mit einer solchen Vereinbarung nichts gewonnen.

Deshalb ist das Erreichen einer Lösung, die von beiden Konfliktpartnern als positiv bewertet wird – weil beide sich als Gewinner fühlen – die bestmögliche Strategie der Konfliktlösung. Bei einer »Zwei-Gewinner«-Strategie werden die Bedürfnisse der Beteiligten als berechtigt, wichtig und gleichwertig beurteilt. Beide Parteien schätzen die Fairness, die beide einhalten, und die konstruktive und kooperative Art der Lösungsfindung. Die Persönlichkeit des anderen wird respektiert und geachtet.

Die Voraussetzung für die Umsetzung einer »Zwei-Gewinner«-Strategie liegt im gegenseitigen Vertrauen und im Wissen, dass auch die andere Partei überzeugt ist, durch ehrliches und offenes Erarbeiten der anstehenden Fragen gemeinsam die für beide Teile beste Lösung zu finden, und zwar ohne dass sich jemand dabei aufgeben muss. Die »Winwin«-Haltung ist deshalb Teil jeder erfolgreichen Partnerschaft.

Das »Zwei-Gewinner«-Konfliktlösungsgespräch

Äußere Bedingungen

Führen Sie ein Konfliktlösungsgespräch nicht im Treppenhaus oder im Flur. Gehen Sie in einen Raum, wo Sie sich setzen können. Am besten wählen Sie einen normalen Tisch. Dadurch haben Sie auf jeden Fall gleiche Sitzhöhe und eine gute Gesprächsdistanz. Zudem sitzen Sie aufrecht und können sich Ihrem Konfliktpartner, Ihrer Konfliktpartnerin gegenübersetzen. Auf dem Sofa mag man zwar bequemer sitzen; jedoch stimmt die Gesprächsdistanz selten, und die Körperhaltung entspricht kaum der Botschaft, die man vermitteln möchte. Laden Sie Ihren Konfliktpartner, Ihre Konfliktpartnerin ein, sich mit Ihnen »an einen Tisch zu setzen«, wie es schon die bekannte Redewendung ausdrückt. Sie signalisieren dadurch, dass Sie nicht streiten, sondern den Konflikt ernsthaft angehen und auch lösen wollen.

Den Konflikt beim Namen nennen

Benennen Sie den Umstand, den Sie als Konflikt erleben, so konkret und sachlich wie möglich, indem Sie sagen: »Ich habe das Gefühl (ich beobachte, ich stelle fest, ich habe erfahren usw.), dass ... (Konfliktsituation) unser Problem ist!«

Schildern Sie, welches Gefühl, welche Emotion für Sie damit verbunden ist. »Diese Situation macht mich ... (wütend, traurig, ärgerlich, frustriert usw.). Beschreiben Sie Ihr Gefühl.

Erklären Sie Ihrem Konfliktpartner, warum Sie so empfinden: »Ich bin ... (wütend usw.), weil ich es als ... (gemein, unfair, nicht unserer Abmachung entsprechend, unanständig usw.) empfinde!«

Reden Sie über Ihr Gefühl

Sie bauen damit bereits einen Teil der Emotion ab, sodass es Ihnen eher gelingt, von den Gefühlen nicht mitgerissen zu werden und einen klaren Kopf zu behalten.

Den Konfliktpartner auffordern, sich zu äußern

Fordern Sie Ihren Konfliktpartner auf, sich ebenfalls zu erklären. Fragen Sie ihn zur Sache: »Wie erlebst du die Konfliktsituation?« Mit dieser Frage lernen Sie seine Optik der Dinge kennen; zu seinen Gefühlen: »Wie empfindest du die Situation? Was hast du für Gefühle? Wie ist es für dich?« Laden Sie ihn mit dieser Frage ein, über seine Emotionen zu reflektieren und sich mitzuteilen.

Gegenseitige Klärung der persönlichen Wahrnehmung

Es gibt wenige Menschen, die trotz hochgehender Emotionen in der Lage sind, ihren eigenen Standpunkt klar und deutlich zu kommunizieren. Wir werden von unseren Gefühlen und Empfindungen so überschwemmt, dass wir uns in einem Streitgespräch zuerst zur Klarheit reden müssen. Deshalb:

Haben Sie Geduld! Lassen Sie Ihren Partner, Ihre Partnerin ausreden und fallen Sie ihm/ihr nicht ins Wort.

Fragen Sie nach, wenn Sie etwas nicht verstehen: »Wie meinst du das genau?«, oder: »Ich verstehe nicht genau, was du damit sagen willst.«

Geben Sie Feedback, indem Sie seine Botschaft wiederholen: »Habe ich dich richtig verstanden, du bist der Ansicht, dass ... (den Kern seiner Aussage wiederholen)?

Nehmen sie offen und ehrlich Stellung zur anderen Meinung. Falls Sie mit der Sicht der Dinge übereinstimmen: »Ich sehe das auch so wie du, und ...« Ergänzen Sie die Aussage durch die Elemente, die Ihnen wichtig erscheinen. Falls Sie mit der Sicht der Dinge nicht übereinstimmen: »Ich sehe das nicht so wie du. Aus meiner Sicht ist es so ...«

Sich in den Standpunkt des anderen einfühlen

Eine alte indianische Weisheit sagt: »Fälle erst ein Urteil über jemand anderen, wenn du einen Mond lang in seinen Mokassins gelaufen bist.« Darum versuchen Sie, auch den Standpunkt Ihres Konfliktpartners, Ihrer Konfliktpartnerin und seine/ihre Gefühle (Ärger, Enttäuschung, Wut usw.) zu verstehen.

Überlegen Sie, ob nicht auch Sie selbst Ihrem Konfliktpartner, Ihrer Konfliktpartnerin Unrecht getan haben, wofür Sie sich entschuldigen sollten.

Den Lösungsvorschlag als Wunsch formulieren

Anstatt zu fordern »Du musst …!«, ist es wirkungsvoller und konstruktiver zu sagen: »Ich wünsche mir …« Der Wunsch wird zum Lösungsvorschlag. Der Konfliktpartner, die Konfliktpartnerin wird ebenfalls aufgefordert, seinen/ihren Wunsch als Lösungsvorschlag einzubringen: »Was ist dein Wunsch?«

Ein Beispiel. Lea und Marc streiten, weil Marc für einen Autokauf Schulden gemacht hat, deren Abzahlungsraten das Haushaltsbudget überschreiten.
Sie formulieren ihren Lösungsvorschlag als Wunsch wie folgt:
Lea: »Ich wünsche mir, in Zukunft wenigstens unseren alltäglichen finanziellen Verpflichtungen nachkommen zu können.«
Marc: »Ich wünsche mir, dass du mir hilfst, die nächste Leasingrate zu bezahlen, damit wir Zeit für eine grundsätzliche Lösung finden.«

Die beiden Wunschziele miteinander abgleichen: ein gemeinsames Metaziel finden

Im Alltag ist es oft so, wie unser Beispiel oben zeigt, dass die Ziele, die jeder verfolgt, nicht automatisch deckungsgleich sind. Zudem will selten der eine sein Ziel zugunsten seines Partners, seiner Partnerin einfach aufgeben, denn die persönlichen Motive (Befürchtungen) unterscheiden sich ebenfalls. In unserem Beispiel befürchtet Lea, zu wenig Geld für Milch und Brot zu haben.

Sie will darum eine Lösung, die das tägliche Überleben sicherstellt. Marc hofft, mit der Bezahlung der nächsten Raten durch das finanzielle Nadelöhr zu schlüpfen, um später eine definitive Lösung zu finden – falls es dann überhaupt noch nötig ist. Um diese unterschiedlichen Ziele zu einem gemeinsamen Ziel zusammenzubringen, ist ein neues Ziel, ein Metaziel, zu finden. Es steht über den beiden individuellen Zielen und wird von beiden als sinnvoll und erstrebenswert erachtet.

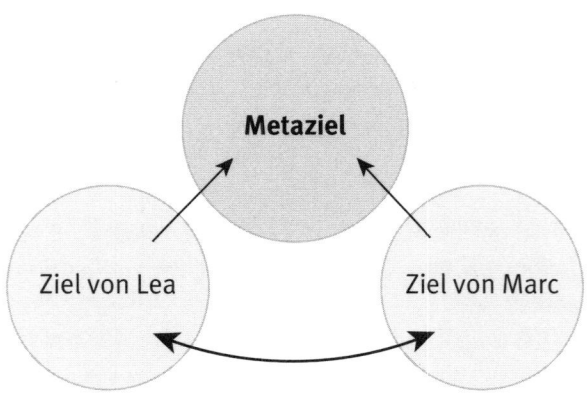

Abb. 4 Von den persönlichen Zielen zum gemeinsamen Metaziel

Um dieses Metaziel zu definieren, lautet die Frage: »*Was möchten wir beide erreichen, das uns beiden weiterhilft? Was ist unser übergeordnetes Interesse, unser Ziel (Metaziel), auf das wir uns einigen wollen?*«

In unserem Beispiel könnte Lea auf diese Frage antworten: »Ich möchte keine Existenzängste haben müssen. Darum wünsche ich, dass wir Prioritäten setzen, wofür wir unser Geld ausgeben wollen!«

Marcs Antwort könnte sein: »Damit bin ich auch einverstanden. Wir sollten ein Budget erstellen, um eine bessere Übersicht über unsere Ausgaben zu haben!«

Ein gemeinsames Ziel ist erst ein echtes Metaziel, wenn beide mit Überzeugung Ja zu diesem Ziel sagen können.

Mögliche Maßnahmen gemeinsam suchen

Der nächste Schritt besteht in der Festlegung von geeigneten Maßnahmen. Auch da lohnt es sich, den Partner, die Partnerin zuerst zu fragen, was er/sie für Vorschläge einbringen möchte: »Was wäre aus deiner Sicht eine gute Maßnahme? Hast du noch einen weiteren Vorschlag?« Man sollte dem Partner, der Partnerin die Gelegenheit geben, seine oder ihre Ideen zu entwickeln, ohne sie zu kritisieren! Anschließend können die eigenen Vorschläge eingebracht werden:

»Was meinst du zu folgender Idee …?«

Wenn alle Ideen besprochen und das Für und Wider ausdiskutiert worden ist, legt man sich gemeinsam auf eine Maßnahme verbindlich fest: »Bist du auch einverstanden, dass wir uns auf die Maßnahme … definitiv festlegen?« Von beiden Konfliktparteien muss ein klares Ja erfolgen. Es verhindert später Ausreden und Relativierungen wie »Du hast es ja so gewollt …!« oder »Ich war nie dafür!«

Aktion

Gemeinsame Absichtserklärungen mögen wunderbar sein, sie nützen aber herzlich wenig, wenn sie nicht in fest umrissene Handlungen umgesetzt werden. Darum ist es wichtig, sich auf ein konkretes Realisieren der Maßnahmen zu verständigen:

»Wer wird was bis wann tun?«

»Wann wollen wir uns wieder zusammensetzen und die gewünschte Veränderung überprüfen?«

Positiver Abschluss

Nach einem hitzig geführten Streitgespräch, das schließlich in ein konstruktives Ergebnis mündet, fällt allen Beteiligten oft ein großer Stein vom Herzen. Bedanken Sie sich bei Ihrem Partner, Ihrer Partnerin für das offene und letztlich lohnende Gespräch, auch wenn es vielleicht phasenweise eher furchtbar als fruchtbar verlief.

Es ist zudem auch die Gelegenheit, sich für unbedachte und lieblose Äußerungen zu entschuldigen. Sie verstärken mit diesen positiven Signalen die Schaffung einer nutzbringenden und intelligenten Gesprächskultur in Ihrer Beziehung.

Aufhören können

Sind alle zehn aufgeführten Schritte vollzogen, dann wechseln Sie das Thema. Schieben Sie das Streitthema beiseite. Unterlassen Sie es, noch einen Gedanken oder noch eine Bemerkung anzuhängen. In der momentanen Phase ist alles besprochen. Wer jetzt nicht aufhören kann, immer wieder auf den Konflikt zurückzukommen, berührt zwangsläufig noch offene Wunden. Sie führen zu Reaktionen, die den ganzen Streit wieder aufflammen lassen können. Unser Gefühlsleben braucht Zeit, um sich von den Ängsten und aufwühlenden Emotionen zu erholen und zu stabilisieren, und kann nicht so schnell umschalten wie unser Intellekt. Die Redewendung »Zeit heilt Wunden« drückt es deutlich aus. Darum streuen Sie nicht unnötig immer wieder Salz in die Wunden.

Wenn die Fetzen fliegen:
Das Notfallprogramm

Es ist wahrscheinlich für die Menschheit leichter, einen Atommeiler kontrolliert abbrennen zu lassen, als die Kontrolle bei einem hitzigen Streit zu behalten und besonnen zu bleiben. Wenn das eine Wort das andere gibt, explodieren viele Menschen, und es brennt ihnen plötzlich die Sicherung durch. Dann wird geschrien und getobt, dass die Wände zittern. Teller fliegen, und im schlimmsten Fall kommt es zu üblen Handgreiflichkeiten.

Dies ist keine sehr glückliche Ausgangslage für eine konstruktive Lösung. Sollten Sie zu dieser Spezies der Streitvulkane gehören, dann helfen die folgenden Maßnahmen:

Durchatmen statt durchdrehen

Mit der Wut steigt auch der Puls. Um ihn wieder auf eine normale Frequenz abzusenken, sind richtiges Ein- und Ausatmen sehr hilfreich. Dazu stehen Sie aufrecht und mit festem Stand. Breiten Sie die Arme weit aus und füllen Sie die Lungen beim Einatmen prall mit Luft.

Atmen Sie jetzt langsam und kräftig aus und beugen Sie sich gleichzeitig nach vorn in Richtung Ihrer Knie, indem Sie die Arme vor Ihrem Körper frei schwingen lassen.

Atmen Sie wieder kräftig ein und richten Sie sich wieder auf. Breiten Sie dabei wiederum Ihre Arme aus.

Wiederholen Sie dieses Ein- und Ausatmen siebenmal. Der Puls fällt, und Ihre Energie fließt wieder ruhiger.

Wasser statt Worte

Wenn Sie merken, dass Sie aggressiv werden, gehen Sie in die Küche oder zum nächsten Waschbecken und trinken Sie langsam ein Glas Wasser. Nehmen Sie nochmals einen großen Schluck Wasser und spülen Sie damit Ihren Mund. Dann spucken Sie mit dem Wasser alle bösen Worte aus. Das befreit Sie von negativen Gedanken, und Sie gewinnen damit Zeit, wieder klarer zu denken.

An die Wand statt an den Kopf

Nichts ist so befreiend, wie mit der ganzen Kraft einer großen Wut etwas zu zertrümmern, ohne jemandem dabei Schaden zuzufügen.

Wenn Sie platzen vor Wut, dann suchen Sie sich die Vase aus, in die kein Blumenstrauß passt, oder greifen Sie sich das Geschirr, dass Sie sowieso ersetzen möchten, und schmeißen Sie es mit voller Wucht *an die Wand* (wo kein Fenster und kein Bild ist; oder noch besser: *auf den Boden*. Am besten da, wo Fliesen sind, damit es richtig kracht – und Sie die Scherben nachher leichter wieder aufsammeln können. Die Wirkung ist großartig. Nicht nur zur Beruhigung Ihrer Nerven. Es macht Ihrem Partner, Ihrer Partnerin ebenfalls mächtig Eindruck. Nachher lässt sich meistens darüber lachen, und das ist schon der Anfang für ein vernünftiges Gespräch.

Ist Ihnen die Geschirrmethode zu rustikal, dann nehmen Sie ein möglichst großes Kissen und schlagen Sie kräftig drauf, bis Sie sich abreagiert haben.

Schreiben statt schreien

Die Wunden, die giftige Worte, unnötige Bekenntnisse und Beleidigungen aller Art schlagen, sind oft viel schlimmer, als der Konfliktgrund es verdient. Auch wenn sich später keiner mehr daran erinnert, warum und worüber eigentlich gestritten worden ist – was sich bestimmt in die Seele frisst, ist die ätzende Säure böser Worte, besonders wenn durch sie das eigene Ego angegriffen worden ist.

Es ist deshalb besser, seine Gedanken aufzuschreiben und seinem Partner, seiner Partnerin einen Brief zu übergeben, als dem anderen unbedachte, verletzende Äußerungen an den Kopf zu werfen. Schreiben hat zudem etwas Befreiendes. Allein sich hinzusetzen und sich die Zeit zu nehmen, seine Empfindungen zu ordnen und vernünftig zu Papier zu bringen, hat eine heilsame Wirkung. Es ist ein gutes Stück Aufarbeitung der eigenen inneren Vorgänge.

Damit der Brief das ausdrückt, was Sie empfinden und Ihrem Partner, Ihrer Partnerin sagen wollen, sollte er die nachstehenden fünf Elemente enthalten. Schreiben Sie Ihre Meinung und Ihre Gefühle nieder und auch, wie Sie die ganze Situation erleben. Verfassen Sie keine Anklageschrift, sondern versuchen Sie, die Gründe, Ihre Erkenntnisse und Hoffnungen zu formulieren.

1. Element: Wut

Schreiben Sie, was Sie wütend macht und warum Sie sich verletzt fühlen. Es ist wichtig, so lange über Ihre Erbitterung und Empörung zu schreiben, bis Ihnen nichts mehr einfällt und Sie alles gesagt haben.

2. Element: Verletzung

Teilen Sie in diesem Brief Ihrem Partner, Ihrer Partnerin als Nächstes mit, was und warum Sie verletzt sind oder was Sie traurig stimmt und unglücklich macht in dieser Situation.

3. Element: Angst

In diesem Teil des Briefs beschreiben Sie Ihre Ängste und Befürchtungen. Machen Sie deutlich, was Ihnen Sorge und Kummer bereitet.

4. Element: Wunsch

Halten Sie als Nächstes fest, was Sie sich für eine Lösung wünschen. Beschreiben Sie, was aus Ihrer Sicht diese Lösung Ihnen beiden bringen kann und was Sie zu dieser Lösung beitragen möchten. Bitten Sie Ihren Partner, Ihre Partnerin um Unterstützung bei der Umsetzung der Lösungsmaßnahmen.

5. Element: Entschuldigung

Die allermeisten Konflikte haben nicht nur einen Verursacher. Wir sollten darum nicht vergessen, selbstkritisch in den Spiegel zu schauen und unseren Beitrag am Problem ehrlich zu hinterfragen. Vielleicht erkennen wir dann, durch welches Verhalten wir Teil des Problems geworden sind. Deswegen kann es sein, dass wir Grund genug haben, uns zu entschuldigen. Bitten Sie Ihren Partner, Ihre Partnerin darum um Vergebung. Schreiben Sie auf, was Ihnen leidtut, wofür Sie sich schämen, weil Sie sich nicht richtig verhalten haben.

Die Technik des Briefschreibens ist ein wirksames Instrument, sich zu beruhigen und Klarheit über die ganze Konfliktsituation zu bekommen. Nehmen Sie sich darum Zeit und schreiben Sie alles auf, was Sie auf dem Herzen haben. Schreiben Sie liebevoll, denn Hass ist ein böser Einflüsterer und ein schlechter Ratgeber.

Übergeben Sie den Brief Ihrem Partner, Ihrer Partnerin und erwarten Sie keine sofortige Antwort. Der andere braucht Zeit, um Ihren Brief zu verarbeiten und sich seine Überlegungen dazu zu machen. Falls Sie meinen, genügend lang auf eine Antwort gewartet zu haben, fragen Sie ihn/sie: »Wann darf ich von dir eine Antwort erwarten? Wann können wir darüber reden?« Ihr Brief und die, vielleicht auch schriftlich verfasste, Antwort sind eine gute Grundlage für weitere, faire und aufbauende Gespräche.

Wenn alle Stricke reißen ...

Es gibt Fälle, da ist ein Konflikt so verfahren, dass er ohne die Hilfe einer Drittperson nicht mehr zu lösen ist. Bevor man gleich den Rechtsanwalt einschaltet und den Richter anruft, gibt es das Mittel der Mediation. Mediatoren sind – wie der lateinische Ursprung des Wortes andeutet – Vermittler.

Sie sind geschult, Lösungen gemeinsam zu entwickeln, die von beiden Parteien angenommen werden können. Ihr Bestreben ist es zudem, auf friedlichem Weg und einvernehmlich eine Übereinstimmung so zu erzielen, dass es den beiden Streitparteien möglich ist, auch in Zukunft wieder miteinander zu reden.

Im Internet lassen sich unter dem Stichwort »Mediation« geeignete Adressen von Mediatoren in Ihrer Nähe finden. Ebenfalls verfügen die meisten Sozialämter über eigene Mediatoren oder verhelfen zu entsprechenden Kontakten.

Die Kunst zu verzeihen

»Kannst du mir noch mal verzeihen?«, flehten im deutschsprachigen Fernsehen in neunundfünfzig Talkshows allein im Jahr 2001 Teilnehmer und Teilnehmerinnen ihre Partner, Partnerinnen an. Kam es dann im Scheinwerferlicht vor einem Millionenpublikum zu einer öffentlichen Aussöhnung, dann flossen Tränen, die anwesenden Zuschauer spendeten frenetisch Applaus und die Wiederversöhnten lagen sich in den Armen.

Nicht viele haben die Chance, publikumswirksam vor laufenden Kameras zu ihrem Glück gezwungen zu werden …

Die allerwenigsten haben zudem das exhibitionistische Bedürfnis, aller Welt zu verkünden, dass zum Beispiel der Partner, die Partnerin fremdgegangen ist und sie jahrelang nichts gemerkt haben. Der Schock sitzt tief, die Gefühle fahren Achterbahn, und die Betroffenen werden überrollt von einem Mix aus Selbstmitleid, Wut und Enttäuschung. Auch der beste Freund, die beste Freundin kann nur trösten, heilen muss sich jeder selbst. Dieser Prozess ist schmerzlich und braucht seine Zeit. Gefühle lassen sich nicht wie ein Schalter aus- und anknipsen. Und doch führt kein Weg daran vorbei: Wenn wir mit dem Menschen, der uns im Innersten verletzt hat, weiterleben wollen, dann müssen wir die Vergangenheit loslassen und neu anfangen. Neu anfangen heißt verzeihen.

Wirklich verzeihen zu können, gehört jedoch zum Schwersten, was ein Mensch leisten kann. Sollte er darauf verzichten, sich für die Verletzungen und die Erniedrigungen, die ihm zugefügt wurden, zu rächen? Sollte er das annehmen, was sein Leben zu Unrecht beeinträchtigt? Sollte er zudem den Schmerz einfach vergessen und dazu demjenigen gegenüber, der dies alles verursacht hat, noch freundlich gesinnt sein? Das ist viel verlangt. Eigentlich wollen wir gar nicht verzeihen.

Unser Stolz fordert, »mit gleicher Münze zurückzuzahlen«, den anderen auch leiden zu lassen und ihm ein langandauerndes Schuldgefühl anzuhängen. Auch unsere Umgebung heizt den Kampf an und setzt uns unter Druck mit der Forderung: »Das kannst du dir doch nicht bieten lassen!« – nicht gerade ideale Voraussetzungen, um den diffizilen Weg des Verzeihens auf sich zu nehmen.

»Stolz und Angst hindern uns zu verzeihen«

Neben dem Stolz hindert uns die Angst, schwach zu erscheinen, daran, zu vergeben und zu verzeihen. Wir befürchten dann, der andere könnte daraus den voreiligen Schluss ziehen, alles sei gar nicht so schlimm, und irgendwann seine verletzende Handlung wiederholen. Darum wollen wir unseren schuldigen Partner, unsere Partnerin zerknirscht sehen, in Sack und Asche, auf den Knien. Einem Menschen verzeihen, der nicht bereut, ist wie Zeichnen im Wasser, sagen die Japaner. Wir verlangen darum sichtbare und ehrliche Reue und einen in Stein gemeißelten Schwur, uns nie mehr – nie mehr! – zu demütigen.

Unter diesen Voraussetzungen sind wir vielleicht bereit zu vergeben. Verzeihen wird zu unserer Rache. »Ich verzeihe dir, aber ich vergesse nicht!« lautet unsere Drohung. Sie erlaubt uns, bei kleinsten Unstimmigkeiten, beim geringsten Vorkommnis die alte Geschichte wieder auszupacken und sie als böse Waffe gegen unseren Partner, unsere Partnerin einzusetzen.

In einer Radiosendung zum Thema »Konflikt in der Beziehung« erzählte Hans, den größten Fehler seines Lebens gemacht zu haben: »Ich habe meiner Frau von einem längst vergangenen Seitensprung erzählt. Danach ist sie aus dem Schlafzimmer ausgezogen. Sie ist kalt und abweisend. Alle meine Entschuldigungen lässt sie nicht gelten. Ich bin verzweifelt, denn ich liebe sie!«

»Ohne Verzeihen gibt es keine Versöhnung, ohne Versöhnung keine lebenswerte Zukunft«

Wer anderen nicht verzeihen kann, zerstört die Brücke, über die er selbst gehen muss. Eine Beziehung, in der man sich nicht vergeben, sich nicht versöhnen und das Vorgefallene nicht vergessen kann, ist zum Scheitern verurteilt. Bleiben beide trotzdem zusammen, dann stirbt die Liebe, und die Herzen füllen sich mit Groll, die Seele versteinert. Aber nicht nur die Beziehung nimmt schweren Schaden, sondern auch derjenige selbst, der nicht verzeihen kann. Er läuft Gefahr, krank zu werden. Untersuchungen zeigen, dass Menschen, die nicht verzeihen können, vermehrt unter Herzbeschwerden, Depressionen, Asthma und Darmerkrankungen leiden.

Es mag sehr schwerfallen, die Vergangenheit loszulassen. Doch letztlich führt kein Weg am Verzeihen vorbei, soll das Leben jemals wieder leicht und beschwingt werden. Nur Verzeihen fügt das zusammen, was getrennt gewesen ist.

Die körperlich und seelisch heilende Kraft, die aus dem Verzeihen resultiert, überträgt sich auf alle Beziehungsebenen: sei es die Beziehung zum Partner, zur Partnerin oder zu den Mitmenschen, und vor allem die Beziehung zu sich selbst. Wir verlieren sonst unsere Lebensfreude und unsere Ausstrahlung. Wir werden hart und bitter. Wir geben vor zu verzeihen, aber da wir nicht vergessen, machen wir uns zu Gefangenen unserer Vergangenheit. Solange die Vergangenheit regiert, gibt es keine Zukunft.

Von Herzen verzeihen zu können, ist der einzige Weg zur Befreiung. Wir lösen uns vom Schatten des Gestern und fassen Mut, das Morgen zu gestalten. Wie die Natur – gelähmt durch Kälte und Dunkelheit des Winters – bereits in den letzten kalten Tagen wieder aufs Neue lebendig wird, so bringen Verzeihen und Vergeben Licht in unser seelisches Dunkel. Wir gesunden an Körper und Seele, und eines Tages wissen wir, dass wir es geschafft haben: Es kann uns etwas an die alte Geschichte erinnern – und wir können lächeln.

Die vier Schritte des Verzeihens

Diese vier Schritte eignen sich für alle Konflikte, die Sie innerlich noch nicht verarbeitet haben und bei denen es Ihnen schwerfällt zu verzeihen. Gehen Sie langsam vor, nehmen Sie sich Zeit. Wenn Sie den Prozess unterbrechen wollen, tun Sie es, denn jeder Mensch hat seine eigene Art und Weise, seinen eigenen Rhythmus, das Erlebte zu verarbeiten.

1. Schritt: Ja, so ist es

Da wir dazu neigen, die eigenen verletzten Gefühle zu verleugnen, ist es wichtig, sie so zu lassen und sie anzunehmen, wie sie sind. Je sachlicher und klarer Sie Ihre eigenen Gefühle wahrnehmen und beschreiben können, umso leichter können Sie sie akzeptieren. Suchen Sie dafür die richtigen Worte, so lange, bis Sie sagen können: Ja, genau so ist es!

Damit werden alle bitteren Erkenntnisse aus dem Unterbewussten befreit und bewusst. Die seelische Starre bricht auf, und die Gefühle beginnen wieder zu fließen. Der Heilungsprozess nimmt seinen Anfang und ist schmerzlich. Wenn Sie weinen müssen, dann ist das gut so; es löst den seelischen Druck und hilft, die inneren Spannungen abzubauen.

2. Schritt: Rollentausch

Wir verstehen sehr oft die Beweggründe des anderen nicht, weil wir die Situation nur aus unserem Gesichtswinkel betrachten. Verstehen bedeutet, geistig den Standort unseres Gegenübers einzunehmen, die Situation von seinem Standpunkt aus anzusehen. Schlüpfen Sie deshalb in die Schuhe Ihres Konfliktpartners, Ihrer Konfliktpartnerin und versuchen Sie das Ereignis aus seiner/ihrer Sicht wahrzunehmen. Damit es Ihnen leichter fällt, schließen Sie die Augen und lassen Sie, die wichtigen Szenen wie in einem Film ablaufen. Was für neue Informationen erhalten Sie aus diesem Rollentausch? Was für Ursachen und Motive werden Ihnen bewusst?

3. Schritt: Lernen

Verzeihen ist immer auch ein Entwicklungsschritt. Viktor E. Frankl, der Begründer der Logotherapie, sagt treffend: »Welches Schicksal ich erleide, mag Zufall sein. Was ich daraus lerne und mache, ist kein Zufall!«

In diesem Sinne versuchen Sie, folgende Fragen zu beantworten:

- Woran hätte ich schon früher erkennen können, was auf
  mich zukommt?
- Warum hat mein Partner, meine Partnerin so gehandelt?
  (Falls Sie Wutgefühle verspüren und Sie dadurch nicht frei
  sind, eine gültige Antwort zu geben, gehen Sie zu Schritt
  zwei zurück und betrachten Sie die ganzen Vorkommnisse
  nochmals aus seiner/ihrer Perspektive.)
- Was hätte mir geholfen, die Situation besser zu meistern?
- Was habe ich falsch gemacht dabei? Was habe ich gut
  gemacht?
- Was kann und soll ich aus dem Ereignis lernen?

4. Schritt: Loslassen und verzeihen

Treffen Sie jetzt die Entscheidung zu verzeihen und alles
Vergangene ruhen zu lassen. Es ist ein willentlicher Akt, eine
Art Vertrag mit sich selbst. Seien Sie sich bewusst: Sie schließen jetzt alle Türen der Vergeltung und der Rache. Ein ira-
nisches Sprichwort sagt: »Wer verzeihen kann, ist dem Gött-
lichen am nächsten.« Deshalb öffnen Sie Ihr Herz liebevoll
und geben Sie alle negativen Gedanken auf. Sollten Sie dazu
noch nicht bereit sein, brechen Sie hier ab und kehren Sie
zu einem späteren Zeitpunkt nochmals zu den vier Schritten
des Verzeihens zurück.

Wenn Sie sich entschieden haben, Ihrem Partner, Ihrer
Partnerin zu vergeben, dann setzen Sie sich mit geschlosse-
nen Augen ruhig hin und sagen:

»Ich vergebe ... (Name der Person).
Ich verzeihe dir, dass du ...«

Wiederholen Sie das langsam und deutlich mindestens fünfmal.

Atmen Sie ruhig und tief.

Stellen Sie sich vor, wie sich Ihr Herz, Ihr Brustkorb, Ihr Kopf, der ganze Körper mit lichtem Gold füllt und alles Dunkle und Böse aus Ihrem Mund herausströmt und wegfließt.

Es kann sein, dass Sie trotz Ihrer guten Vorsätze gelegentlich wieder »rückfällig« werden und alte Gefühle in Ihnen wach werden.

Wiederholen Sie dann diese Übung in umgekehrter Reihenfolge, indem Sie die negativen Gefühle zuerst ausfließen, dann das lichte Gold einströmen lassen und als Drittes die Affirmation »Ich vergebe ...« wiederholen.

»Verzeihen ist Balsam für die Seele«

Mit diesem Vorgehen werden Sie nicht nur Ihre Beziehung neu beleben und stärken, Sie selbst werden den größten Gewinn daraus ziehen. »Denn nur der Starke kann verzeihen«, hat Mahatma Gandhi gesagt und vorgelebt. Er hat damit den Menschen gemeint, der aus seiner Mitte handelt. Wer ein starkes Selbstwertgefühl hat, kann nicht nur streiten, sondern auch verzeihen.

Spielregeln, damit der Frieden hält

Es ist eine große Leistung und ein Zeichen persönlicher Reife, wenn es Menschen gelingt, einen Konflikt konstruktiv und positiv zu lösen und alle Streitereien so zu beenden, dass wieder ein normales, unbelastetes Miteinander möglich wird. Trotzdem kehrt nicht einfach der unbeschwerte Alltag ein, wie wenn nie etwas gewesen wäre. Ein echter Konflikt zerstört nicht nur Illusionen, auch das gegenseitige Vertrauen erleidet Risse. Das Pflänzchen des Neuanfangs und der Versöhnung, das aus den Ruinen des Konflikts heranwächst, ist zart und verletzlich. Es braucht Schutz und Sicherheit, um wieder stark und belastbar zu werden.

Ella und Martin hatten ihre Ehekrise überwunden, und beide waren für einen Neuanfang bereit. Martin versprach, Mirjam, mit der er ein Verhältnis hatte, nicht mehr zu sehen und die Beziehung abzubrechen.

Doch Mirjam rief ihn immer wieder an, bis er sein Versprechen brach und sie wieder traf. Natürlich kam es heraus. Martin schwor bei allen Heiligen, dass nichts gewesen sei und er aus Mitleid (und mit schlechtem Gewissen) einem heimlichen Treffen zugestimmt habe. Für Ella war es trotzdem ein Schock. Was konnte sie ihm noch glauben? Was sollte sie tun? Sie war drauf und dran, ihn aus der Wohnung zu werfen.

Doch trotz allem liebte sie Martin. Und sie war eine kluge Frau. Darum überlegte sie sich, was bei der Lösung ihrer Ehekrise nicht richtig gelaufen war. Was hätten sie anders oder besser machen sollen? Welche Vereinbarungen hatten sie getroffen – und zwar gemeinsam? Dann plötzlich

hatte sie die Eingebung: Sie hatte ihre Macht als »Opfer«
voll ausgespielt. Die Lösungen ihres Konflikts waren nur an
ihre Bedingungen geknüpft. Ohne je den Satz laut auszu-
sprechen, stand er in Großbuchstaben im Raum: »Ich bin
nur bereit, dir zu verzeihen und einen gemeinsamen Neu-
beginn zu starten, wenn du meine Bedingungen erfüllst!«
Und diese Bedingungen waren eindeutig: nie mehr Kontakt
zu Mirjam! Zudem das Verbot auszugehen ohne glaubwür-
digen Nachweis, mit wem, wohin und wie lange er weg sein
würde.

Martin wollte Ella nicht verlieren, und als »Schuldiger«
willigte er ein und sagte zu allem Ja und Amen, denn sein
schlechtes Gewissen untersagte ihm, seine Wünsche und
Vorstellungen einzubringen. Ella war klar geworden, dass
die gemeinsame Zukunft nicht auf Vereinbarungen aufge-
baut werden konnte, die bestimmten, was nicht getan wer-
den darf. Sie mussten Spielregeln finden, die eine Kultur des
Zusammenlebens fördern, in der sich beide wohlfühlen,
weil sie auf Gleichberechtigung, Respekt und Ehrlichkeit
beruht und damit Konflikte gar nicht aufkommen lässt.

Ella setzte sich mit Martin zusammen, und sie entwarfen
gemeinsam folgende Spielregeln:

1. Spielregel: Transparenz schaffen

Eine Partnerschaft kann nicht mit Geheimnistuerei, heimlichen Telefonaten, Ausreden für späteres Nachhausekom-
men und so weiter leben. Das beste Mittel gegen Misstrauen
ist Transparenz. Was klar und offensichtlich ist, kann auch
offen und ehrlich angesprochen und diskutiert werden.
Dies stärkt das gegenseitige Vertrauen, weil das Verhalten
des Partners, der Partnerin berechenbar wird. Transparenz

bedeutet nicht, nur dann zu informieren, wenn der andere fragt, sondern grundsätzlich ehrlich zu handeln, das heißt für und nicht gegen den Partner, die Partnerin. Ella und Martin sind zum Beispiel übereingekommen, ihre Taschenkalender beim Telefon hinzulegen, sodass jeder sich über die Termine des anderen orientieren kann.

2. Spielregel: Erzählen

In vielen Partnerschaften wird über Ereignisse des Tages geplaudert oder über die Probleme von Freunden und Nachbarn diskutiert. Aber über das eigene Erlebte, über Frust und Freuden, über offene Fragen, die einen selbst beschäftigen, herrscht Schweigen. »Wie war es heute?« wird mit einem kurzen »Wie immer!« abgetan, was so viel bedeutet wie: »Lass mich in Ruhe. Ich bin zurzeit mit mir selbst und meinen Dingen beschäftigt!«

Als einfühlsamer Mensch lassen wir den anderen auch tatsächlich in Ruhe. Aber im Grunde genommen ist es falsch, sich zurückzuziehen und ebenfalls verständnisvoll zu schweigen oder in pseudofröhliches Geschwätz zu verfallen.

Vielmehr lohnt es sich, nicht nachzugeben und den Partner, die Partnerin zum Erzählen aufzufordern. Erzählen belebt jede Beziehung und vertieft die Partnerschaft; denn Erzählen bedeutet, nicht nur über die Eindrücke des Tages zu plaudern. Vielmehr ist es eine Gelegenheit, ohne Zwänge über sein Leben, seine Erfahrungen, seine Gefühle zu reden, mehr noch: Es hilft, sich selbst über vieles erst richtig klar zu werden.

Erzählen heißt, den anderen am eigenen Leben teilhaben zu lassen. Zudem ist es auch eine Chance für den Partner, die Partnerin, der/die zuhört, durch die Schilderungen des anderen in dessen Welt eingelassen zu werden und ihn dadurch besser zu verstehen. Schön ist es, wenn intelligent, spannend und faszinierend erzählt wird. Aber dies ist letztlich nicht von Bedeutung. Das, was erzählt wird, soll wahr und echt sein und aus der Seele fließen. Dann entstehen Nähe, Vertrautheit und Verständnis füreinander.

3. Spielregel: »Tit for tat«!

»Tit for tat« kann mit »Dies für das!« oder »Wie du mir, so ich dir!« übersetzt werden. Darum ist die Spielregel »Tit for tat« ganz einfach: Alles, was du tust, darf ich auch!

»Möchtest du, dass ich auch einen Seitensprung mache?«, fragte Ella.
»Um Himmels willen, nein!«, reagierte Martin erschrocken.
»Warum soll ich etwas nicht auch tun dürfen, das du dir herausgenommen hast?« Ella schaute ihm gerade ins Gesicht.
»Weil ... weil ... ich es nicht ertragen würde!«, antwortete Martin betreten.

In einer gleichberechtigten Partnerschaft gibt es keinen Grund, warum ein Partner sich ein Recht herausnimmt, das der andere nicht auch beanspruchen darf. »Tit for tat« betont die Gleichwertigkeit von Handlungen, unabhängig davon, wer sie ausgeführt hat.

Damit übernehmen beide Verantwortung für die Partnerschaft in ihrer Gesamtheit. Jeder Partner, jede Partnerin ist somit aufgefordert, die Folgen seines/ihres Tuns und Lassens für die Beziehung zu überdenken. Machtspiele auf Kosten des Partners, der Partnerin sind nicht mehr möglich oder richten sich gegen den Verursacher selbst.

»Tit for tat« verpflichtet zwar nicht zum reziproken Handeln, aber gibt die Erlaubnis dazu. Dies wirkt sich besonders positiv auf mögliche Rachegelüste aus. Denn jetzt hat jeder das Recht, genauso zu handeln wie der andere, und zwar offiziell und legitim. Niemand muss jemandem etwas »heimzahlen«, sondern er ist frei zu entscheiden, ob er sein Recht in Anspruch nehmen will oder nicht.

4. Spielregel: Offene Tür

Auch in einer gut funktionierenden Partnerschaft sind Auseinandersetzungen und Streit normal. In der Hitze des Streits fallen manchmal Worte, die beleidigen und uns stinksauer auf den anderen machen. Eine anständige Wut braucht Zeit, um zu verrauchen. Darum ziehen sich auch Ella und Martin in verschiedene Räume zurück – aber sie lassen die Tür offen.

Es braucht Überwindung, die Tür nicht zu schließen, und dem anderen zu signalisieren: Ich bin da – auch wenn ich dich im Augenblick ins Pfefferland wünsche!

Ella und Martin nützen die offene Tür, um wieder eine Brücke zum anderen zu bauen, indem sie sich zum Beispiel für eine dumme Äußerung entschuldigen oder von sich aus wieder den ersten Schritt zur Versöhnung unternehmen. Sie haben das Prinzip der »offenen Tür« noch ausgedehnt. So haben sie beschlossen, keinen Tag zu beenden, das heißt, nie zu Bett zu gehen, ohne sich nicht ausgesöhnt zu haben. Vielleicht dauert das Gespräch bis morgens um zwei. Aber am Schluss steht immer ein Neuanfang.

Diese vier Spielregeln sind im Grunde genommen leicht umzusetzen, da keine komplizierten Verhaltensweisen verlangt werden. Trotzdem sind sie in ihrer Wirkung nicht zu unterschätzen. Sie verändern eine Partnerschaft nachhaltig; denn wenn diese Spielregeln als echter Maßstab gelten, dann verlangen sie von beiden Partnern nicht nur ein gewisses Maß an Reife, sondern auch den Willen, sich ehrlich und offen in die Beziehung einzubringen, und die Bereitschaft, durch das eigene Denken und Handeln Verantwortung für die Partnerschaft zu übernehmen.

Schlusswort

Die kluge und lebenserfahrene Maria von Ebner-Eschenbach schrieb 1880 in ihren »Aphorismen«: »Nicht jene, die streiten, sind zu fürchten, sondern jene, die ausweichen!« Die österreichische Schriftstellerin erkannte klar, dass derjenige, der dem Konflikt ausweichen will, unberechenbar und damit viel gefährlicher ist als jemand, der mit offenem Visier kämpft.

Ich wünsche Ihnen deshalb die Kraft, mutig, fair und ehrlich zu streiten.

Dank

Auf dem Buchumschlag steht zwar mein Name allein. Aber diese Arbeit könnte nicht in der vorliegenden Form erscheinen, wenn nicht im Hintergrund verschiedene Menschen ihren Beitrag dazu geleistet hätten. Besonders danken möchte ich Frédéric Hirschi und Raphael Hirschi für die Neugestaltung des Buches.

Ebenso danken möchte ich Katrin Eckert. Sie hat sich des Manuskripts angenommen, mir wichtige Impulse gegeben und mit Kritik und wertvollen Hinweisen geholfen.

Meiner Frau danke ich für die über 40-jährige Lektion in Sachen Streiten. Sie ist mein Glücksfall. Ohne sie hätte ich das Buch nie schreiben können.

Ebenso möchte ich allen danken, die mir als Beispiel gedient haben, und bitte alle diejenigen um Nachsicht, die sich in diesem Buch nicht wiederfinden, weil ich die Namen geändert habe.

Literatur

Dörner, Dietrich, Bauplan für eine Seele. Hamburg 1999

Gamber, Paul, Konflikte und Aggressionen im Betrieb. München 1994

Glasl, Friedrich, Selbsthilfe in Konflikten. Bern 2000

Glass, Lillian, Mit mir nie wieder! Zürich 1996

Gordon, David, Phoenix. Therapeutische Strategien von Milton H. Erickson. Hamburg 1981 ʼ

Gray, John, Männer sind anders, Frauen auch. München 1998

Gray, John, Auseinandergeliebt. München 1998

Häusel, Hans-Georg, Think limbic! Planegg 2000

Kast, Verena, Vom Sinn des Ärgers. Anreiz zu Selbstbehauptung und Selbstentfaltung. Freiburg 1998

Maslow, Abraham H., Motivation und Persönlichkeit. Hamburg 1984

Onken, Julia, Wenn Du mich wirklich liebst. München 2001

Ornstein, Robert E., The Psychology of Consciousness. New York 1977

Schubert, U. und G., Wir und ich. Produktive Teamarbeit und Konfliktbewältigung. Stuttgart 1992

Schulz von Thun, Friedemann, Miteinander reden. Augsburg 2000

Schwanitz, Dietrich, Männer. Eine Spezies wird besichtigt. Frankfurt/Main 2001

Tannen, Deborah, Du kannst mich einfach nicht verstehen. München 1998

Die wichtigsten Fragen in der Beziehung

Die »BeziehungsKiste« gibt Ihnen und Ihrem Partner beziehungsweise Ihrer Partnerin Impulse, das Gemeinsame wieder bewusst zu machen.

Die Fragen helfen, die eigenen Wünsche, Vorstellungen, Gefühle und Bedürfnisse auf eine positive Art und Weise mitzuteilen – und damit eine neue Zweisamkeit zu gestalten und zu entdecken.

Die »BeziehungsKiste« ist eine Anleitung für eine bessere Kommunikation in der Partnerschaft und ein Beitrag zu einer liebevollen, erfüllten und dauerhaften Beziehung.

32 Dialogkarten mit Begleitbuch

ISBN 978-3-9521447-0-1

EUR 17,90 / CHF 34.90

Erhältlich im Buchhandel oder Internet unter
www.beziehungskiste.ch

Frédéric Hirschi + Werner Troxler

BeziehungsKiste®

Die wichtigsten Fragen in der Beziehung
Eine Anleitung für eine bessere Kommunikation
in der Partnerschaft

32 Dialogkarten mit Begleitbuch

h&t

Testen Sie das große Potenzial Ihrer Beziehung!

Von Zeit zu Zeit ist es wichtig, die eigene Beziehung aus Distanz anzuschauen und eine Standortbestimmung vorzunehmen.

Der Beziehungstest mit seinen 20 Themen hilft Ihnen und Ihrem Partner auf spielerische Art und Weise, eine gemeinsame Basis zu finden, auf der sich die Beziehung positiv entwickeln lässt.

Jede Beziehung hat ein großes, kreatives Potenzial, das zur Entfaltung drängt. Entdecken Sie mit diesem Beziehungstest Ihr Potenzial für eine glückliche und erfüllte Beziehung.

Test mit Begleitbuch

ISBN 978-3-9523427-2-5

EUR 14,90 / CHF 19.90

Erhältlich im Buchhandel oder im Internet unter
www.beziehungskiste.ch

Frédéric Hirschi + Werner Troxler

BeziehungsTest

Wie gut passen wir zusammen?

Testen Sie das große Potential Ihrer Beziehung

h&t

Entdecken Sie die verborgenen Schätze Ihrer Beziehung

Jede Beziehung hat verborgenes Potenzial und unbeachtete, verbindende Kräfte, die entdeckt und gelebt werden können. Öffnen Sie die »SchatzKiste« und entdecken Sie die ungenutzten Schätze Ihrer Beziehung! Die »SchatzKiste« lässt Sie und Ihren Partner, Ihre Partnerin die wunderbaren Gemeinsamkeiten Ihrer Partnerschaft finden. Erleben Sie erneut das beglückende Wir-Gefühl und den Zauber Ihrer Liebe.

32 Schatzkarten mit Begleitbuch

ISBN 978-3-9521447-2-5

EUR 19,80 / CHF 34.90

Erhältlich im Buchhandel oder im Internet unter
www.beziehungskiste.ch

Frédéric Hirschi + Werner Troxler

SchatzKiste
DER LIEBE

Was eine Paarbeziehung bereichert und stark macht.
Eine Anleitung zur Entdeckung der verborgenen Schätze
in der Partnerschaft.

32 Schatzkarten mit Begleitbuch

h&t

Mit unseren Unterschieden konstruktiv umgehen

Jede Verbindung zweier Menschen bringt mit der Zeit immer deutlicher Unterschiede und Andersartigkeit des Partners, der Partnerin an den Tag. Viele Paare bekunden damit Mühe und stoßen gelegentlich an die Grenzen dessen, was sie zu bewältigen bereit sind.

Die «PaarKiste» hilft zu verstehen, in welchen Feldern wir anders «ticken» als unser Partner, unsere Partnerin. Wie wir mit den Unterschieden konstruktiv umgehen und welche Chancen wir durch die Andersartigkeit unseres Partners, unserer Partnerin für die Beziehung nutzen können. Die «PaarKiste» ist besonders auch für jene wertvoll, die ihre Beziehung nicht aufgeben wollen.

70 Antwortkarten zur Bestimmung Ihrer Partnertypen und Begleitbuch mit Empfehlungen für Ihre Paarkombination

ISBN 978-3-9523427-1-8

EUR 19,90 / CHF 38.00

Erhältlich im Buchhandel oder im Internet unter
www.beziehungskiste.ch

Josef Lang

*Paar*Kiste

Was für ein Paar sind wir?
Wo liegt unser Potenzial?
Welche Hürden gilt es zu überwinden?
Wo liegen unsere Chancen für eine dauerhafte Partnerschaft?

Die 28 schlüssigen Paarkombinationen

h&t

Spielerische Dialoge, um entspannter, ehrlicher und empfindsamer zu lieben

Die »SexKiste der Liebe« bringt Paare ins Gespräch über ihr Liebesleben. Mehr als 500 Fragen auf 46 Karten regen zum schönen und spannenden Dialog an und schaffen die Grundlage für beglückende Intimität.

Öffnen Sie mit der »SexKiste der Liebe« das Tor zu mehr sexuellem Selbstbewusstsein, um entspannter, ehrlicher und empfindsamer zu lieben. Das im Begleitbuch vorgestellte Eros-Agape-Modell erlaubt zudem ein tiefes Verstehen von Lust und Unlust. Ein Beitrag für eine lebendige Sexualität und mehr Liebe und Achtsamkeit in der Beziehung.

Box mit 46 Dialogkarten und Begleitbuch (64 Seiten)

ISBN 978-3-9523427-0-1

EUR 19,90 / CHF 38.00

Erhältlich im Buchhandel oder Internet unter
www.beziehungskiste.ch

Kristina Pfister + Claude Jaermann

*Sex*Kiste
DER LIEBE

Wie Sexualität die Liebe und Liebe die Sexualität
bereichert. Spielerische Dialoge, um entspannter,
ehrlicher und empfindsamer zu lieben.